FACULTÉ DE DROIT DE PARIS.

DE L'EFFET DÉCLARATIF

DU

PARTAGE DES SUCCESSIONS

Thèse pour le Doctorat

PAR

ERNEST TAMBOUR

AVOCAT A LA COUR IMPÉRIALE DE PARIS.

PARIS

IMPRIMERIE DE J.-B. GROS ET DONNAUD

RUE CASSETTE, 9

1858

FACULTÉ DE DROIT DE PARIS.

Thèse DE DOCTORAT.

L'acte public sur les matières ci-après sera soutenu,
le mercredi 21 avril 1858, à neuf heures et demi,

PAR

ERNEST TAMBOUR,

né à Auxerre (Yonne).

Président : **M. DE VALROGER**, professeur.

Suffragants	MM. **PELLAT**, doyen.	Professeurs.	
	PERREYVE,		
	COLMET-D'AAGE,		
	DEMANGEAT,	Suppléant.	

Le candidat répondra en outre aux questions qui lui seront faites sur les autres matières de l'enseignement.

PARIS
IMPRIMERIE DE J.-B. GROS ET DONNAUD,
RUE CASSETTE, 9.
1858.

A MON PÈRE, A MA MÈRE.

A LA MÉMOIRE

DE MON CHER JULES,

HOMMAGE DE PIEUSE RECONNAISSANCE.

INTRODUCTION.

L'article 883 du Code Napoléon est la seule disposition de nos lois qui établisse directement le principe de l'effet déclaratif du partage. Notre travail devrait donc en être le simple commentaire. Mais il est facile de comprendre qu'une matière, qui avait soulevé dans notre ancien droit de si nombreuses difficultés, ne pouvait être traitée d'une façon complète dans les quelques lignes que les rédacteurs de notre Code y ont consacrées. Aussi la plupart des questions que fait surgir l'application du principe de l'effet déclaratif ne se trouvent-elles pas prévues par le législateur. Il nous fallait donc chercher un guide qui nous empêchât de nous égarer dans le silence des textes. Or ce guide c'est l'histoire seule qui nous a semblé pouvoir nous l'offrir. L'exposé des règles du droit romain et de l'ancien droit sur l'effet du partage devenait dès lors à nos yeux l'introduction naturelle, la préparation nécessaire au commentaire de l'art. 883.

Sans doute l'étude du droit romain ne pouvait pas nous être sur ce point d'une utilité directe, puisqu'il consacrait une théorie complétement opposée à celle que les rédacteurs de notre Code ont admise. Mais ce contraste même entre les deux législations n'est-il pas de nature à mettre mieux en relief, à faire ressortir plus nettement les principes suivis par la loi française ? D'ailleurs, pour comprendre comment la maxime de l'effet déclaratif est venue se substituer dans notre législation à la théorie romaine, il fallait de toute nécessité exposer celle-ci et montrer par quelles déviations successives on en était arrivé à l'effacer complétement de nos lois. Le droit romain est le point de départ ; l'art. 883 le point d'arrivée ; pour connaître celui-ci, il était indispensable d'étudier aussi le premier.

Après avoir signalé le système romain et ses conséquences, nous aurons à nous demander comment il a succombé sous les efforts de nos anciens jurisconsultes. C'est là un des problêmes les plus intéressants de l'histoire de notre droit. La solution n'en a été donnée d'une façon satisfaisante que de nos jours. C'est le savant M. Championnière qui est parvenu le premier à mettre en lumière une transformation opérée à une époque où la science du droit n'était comme la société qu'un véritable chaos.

C'est en effet au moment où les rois, impuissants à protéger la France contre l'anarchie et la dissolution, avaient laissé les seigneurs jeter les fondements de la féodalité, que nous voyons commencer le déclin de la règle romaine. Le partage s'élève alors à la hauteur d'une question politique. Le droit de partager se lie étroitement au droit de succéder ; or c'était par le droit de succéder, tantôt volontairement concédé par les princes, qui croyaient sauver leur autorité en l'abdiquant, tantôt arraché par la force des grands-vassaux à la faiblesse des rois, que la révolution féodale devait s'accomplir. Une fois l'hérédité des fiefs ainsi conquise par les seigneurs, la faculté de partager fut pour eux la conséquence naturelle de cette première victoire ; mais ils se virent en même temps contraints d'accorder à leurs propres vassaux ce qu'ils venaient d'obtenir eux-mêmes des rois. Ce fut ainsi qu'à côté de la règle féodale, qui défendait au vassal d'aliéner le fief sans le consentement de son seigneur, vint prendre place cette autre maxime en vertu de laquelle il put le partager sans son autorisation. Le partage qui, d'après le droit romain, constituait une véritable aliénation, se trouva donc jouir d'un privilége exceptionnel.

Les seigneurs ne tardèrent pas à comprendre combien cette faculté de partager laissée aux vassaux était contraire à leurs intérêts, combien elle pouvait être funeste à la féodalité tout entière, en disséminant ses forces. Aussi voulurent-ils faire rentrer le partage dans la classe des aliénations défendues sans l'autorisation seigneuriale. Mais leurs efforts furent impuissants. Ils ne purent parvenir qu'à établir certaines restrictions au moyen du droit d'aînesse. Le partage resta en principe libre et affranchi de la nécessité d'une autorisation.

Cependant la féodalité a perdu une partie de sa puissance ; le pouvoir royal commence à se relever de ses ruines, les droits fiscaux perçus à l'occasion de chaque mutation ont remplacé le consentement seigneurial exigé à l'origine. Quels changements cette nouvelle transformation a-t-elle apporté dans le partage ? C'est là une seconde face de la question historique que nous avons à étudier. L'impôt féodal étant considéré comme le prix de l'autorisation exigée de la part du seigneur, il devait arriver nécessairement que le partage serait exempté de tout droit fiscal comme il était antérieurement affranchi de la nécessité de cette autorisation.

Mais pendant qu'une révolution commençait à détruire le caractère primitif de la féodalité, une autre révolution s'opérait au sein du droit. Les études de droit romain, après avoir été presque anéanties pendant les invasions, viennent tout-à coup de se ranimer et de briller en Italie d'un éclat singulier ; la législation romaine a été accueillie en France avec enthousiasme par des esprits fatigués du long règne de la force. Les principes romains sur l'effet du partage vont-ils être rétablis? Les seigneurs le convoitent ; mais ils sont devenus trop faibles pour pouvoir accomplir une semblable restauration. Les jurisconsultes praticiens habitués à voir le partage affranchi du droit de mutation, ont déjà proclamé que cet acte ne contient pas d'aliénation ; et les romanistes eux-mêmes sont parvenus à force de subtilité à trouver dans les textes du droit qu'ils étudient le moyen de justifier l'affranchissement du partage, en se fondant sur ce que le caractère de nécessité, que lui attribue la législation romaine, le soustrait au droit commun des aliénations.

Au XVIme siècle, cette doctrine va faire un nouveau pas. C'est sur le terrain du droit civil que se livre le combat jusque-là restreint dans la sphère du droit féodal. Nous verrons à l'occasion de cette lutte apparaître la grande figure de Dumoulin. L'esprit si puissant du célèbre jurisconsulte est soumis à une double influence : il est l'ennemi implacable de la féodalité ; mais il est aussi le sectateur fervent du droit romain. S'agit-il de lutter contre les prétentions des seigueurs, nous le voyons combattre au premier rang pour l'affranchissement des partages ; mais veut-on au contraire qu'il déclare qu'au point de vue du droit civil le partage n'est pas une aliénation, il se refuse à proclamer un principe en désaccord complet avec la législation romaine et résiste de toute son énergie à une pareille extension du droit fiscal. Mais la pratique devait l'emporter sur la théorie. Dumoulin put assister au triomphe de la doctrine dont il s'était efforcé de comprimer l'essor. Dès le milieu du XVIme siècle la jurisprudence et les auteurs s'unirent pour proclamer que le partage n'est pas une aliénation, qu'il ne produit qu'un *effet déclaratif*. Le principe ainsi posé, il restait à le développer, à l'étendre et à en tirer les conséquences ; ce fut l'œuvre du XVIIme et du XVIIIme siècle. Au moment donc où la Révolution va venir déposer dans nos lois le germe de nouvelles doctrines et de nouvelles institutions, la théorie de l'effet déclaratif du partage est nettement formulée, sauf quelques points de détail sur lesquels il y a encore dissidence entre les auteurs.

C'est alors que commencera la troisième partie de notre thèse. Nous aurons à rechercher quelles idées le Code Napoléon fit triompher ; nous essaierons de montrer qu'il se contenta de consacrer la doctrine de notre ancienne législation, et nous en suivrons l'application dans les différentes matières du droit. Nous aurons enfin à constater un dernier triomphe remporté par le principe de l'ancien droit dans la loi encore récente, qui vient de rétablir la transcription. Nous verrons l'effet déclaratif du partage méconnu par le Conseil d'État, mais respecté et affermi par le vote du Corps Législatif.

L'exposé des principes de notre législation fiscale sur cette matière sera le complément nécessaire de notre travail. Après avoir constaté l'alliance faite dans notre ancien droit entre la jurisprudence et les auteurs pour résister aux prétentions des seigneurs et assurer le triomphe de l'affranchissement fiscal des partages, il ne sera pas sans intérêt de voir la royauté reconstruire en partie l'édifice dont la féodalité n'avait pu empêcher la ruine, et établir, par ses édits sur le centième denier, un système de transaction entre la doctrine romaine et celle de nos anciens auteurs. Après la Révolution, la loi du 22 frimaire an VII vint poser sur cette matière les véritables principes ; mais l'Administration de l'Enregistrement ne tarda pas à en torturer le texte pour en faire découler des solutions souvent aussi contraires à la loi qu'à l'équité. Plus heureux que les seigneurs, le fisc moderne trouva dans la jurisprudence une docile auxiliaire ; enhardi par ses succès, il en est venu à soutenir et à faire consacrer par la cour suprême une doctrine tendant à restreindre de plus en plus en ce qui le concerne la portée de l'effet déclaratif du partage, qui (fait digne de remarque !) prit naissance précisément au sein du droit fiscal de la féodalité.

PREMIÈRE PARTIE.

DROIT ROMAIN.

DE L'EFFET TRANSLATIF DU PARTAGE.

CHAPITRE I.

NOTIONS PRÉLIMINAIRES.

Lorsque deux ou plusieurs personnes ont sur un même objet des droits identiques qui se limitent réciproquement par leur concours, cet état de choses constitue ce que les jurisconsultes appellent *indivision*. Ainsi, supposons Primus et Secundus, copropriétaires du fonds A; Primus a un droit de copropriété qui porte sur chacune des molécules du fonds A; Secundus a également sur chacune des molécules de ce fonds un droit identique à celui de Primus. Il y a entre eux indivision.

Cette situation gênante pour les copropriétaires, contraire à l'intérêt public et privé, est vue avec défaveur par le législateur. Aussi, a-t-il mis à la disposition des communistes un droit qu'il protége avec un soin jaloux ; c'est le droit de sortir de l'indivision, le droit de partager.

Le *partage* a donc pour objet de mettre fin à cet état compliqué ; il tend à faire cesser l'assujettissement qui en résulte, à transformer en un droit absolu et indépendant le droit limité et restreint de chacun des communistes.

Comment cette transformation qu'opère le partage était-elle envisagée par les jurisconsultes romains ? Quel caractère revêtait-elle à leurs yeux ? Tel sera l'objet de cette première partie de notre thèse.

Pour faire ressortir plus nettement les faits en présence desquels nous devons nous placer, il est essentiel de prendre une espèce.

Supposons donc Primus et Secundus copropriétaires du fonds A et du fonds B ; il y a partage. Après cette opération, Primus se trouve propriétaire unique du fonds A, et Secundus propriétaire unique du fonds B.

Comment cette métamorphose s'est-elle produite ? A cette question, les jurisconsultes romains répondaient de la façon suivante : Avant le partage, Primus avait la propriété indivise du fonds A, et Secundus avait également la propriété indivise du même fonds A. De même Primus et Secundus avaient chacun la propriété indivise du fonds B. Or, par suite du partage, il n'y a plus sur le fonds A deux propriétés indivises, l'une au profit de Primus, l'autre au profit de Secundus. Il n'y a plus maintenant sur ce fonds qu'un droit de propriété absolue au profit de Primus. Primus a donc désormais la propriété indivise qui lui appartenait avant le partage, plus celle qui appartenait à Secundus. Il a donc en réalité acquis par suite du partage la propriété indivise de Secundus sur le fonds A.

Le même phénomène a eu lieu par rapport au fonds B. Secundus a sa propriété indivise, plus celle de Primus. Le partage lui a donc fait acquérir la propriété indivise de Primus.

Ainsi, Primus a acquis la propriété indivise de Secundus sur A, et lui a cédé sa propriété indivise sur B. Secundus a acquis la propriété indivise de Primus sur B, et lui a cédé sa propriété indivise sur A. L'opération a donc consisté simplement en un échange entre deux propriétés indivises.

Cette analyse du partage est-elle exacte? Nous n'avons pas à résoudre cette question. Nous devons nous borner à constater que tel était bien le caractère que les jurisconsultes romains attribuaient au partage.

Cette théorie résulte notamment de la loi 77,18 (liv. 31) D. *de legatis* 2°, qui assimile le partage à l'échange. La l. 1, C. *commun. utriusque judi-*

cii (1) regarde au contraire le partage comme analogue à la vente, puisqu'elle est ainsi conçue : « Divisionem prædiorum vicem emptionis obtinere placuit. » Comment concilier ces deux décisions différentes? La glose, en présence de ces textes, proclamait que le partage était un échange, tant qu'il n'y avait pas eu tradition; une vente, dès que la tradition avait été opérée. Mais déjà Balde et Mornac avaient condamné ce système.

D'après M. Championnière (2), les jurisconsultes romains auraient ainsi qualifié diversement le partage relativement aux effets qu'ils voulaient lui faire produire. Ils l'auraient assimilé à la vente, quant à l'action en garantie, et à l'échange, quant à l'action en paiement des dettes héréditaires. Mais nous avons vu que c'est d'une façon générale et sans se préoccuper des effets du partage que la loi 1, C. *comm. utriusque* l'assimile à la vente. D'après un autre auteur (3), la conciliation serait celle-ci : Les lois qui assimilent le partage à l'échange ont trait au partage en nature; celles qui l'assimilent à la vente se réfèrent au contraire au cas de licitation. Mais il est impossible de rien découvrir dans les textes qui puisse nous porter à croire que telle était la pensée des jurisconsultes

(1) Liv. 3, tit. 38.
(2) *Revue de législation*, t. 7, p. 413.
(3) M. Liégeard, *De l'effet déclaratif du partage*, p. 7.

romains; nulle part nous ne les voyons établir cette distinction.

Quant à nous, nous pensons que, sous la législation romaine, le partage était assimilé à l'échange. Les textes qui le considèrent comme analogue à la vente sont un vestige de l'opinion des Sabiniens. Cette école, en effet, n'exigeant pas pour qu'il y eût vente qu'on eût stipulé un prix en argent, devait logiquement faire rentrer le partage dans la vente.

Quoi qu'il en soit, il n'en reste pas moins acquis que, dans le partage, il y avait aux yeux des jurisconsultes romains une translation de propriété, ou que, pour nous servir de l'expression consacrée dans la science, le partage était en droit romain *translatif de propriété.*

Ce principe posé, il nous faut recueillir et étudier les conséquences que les jurisconsultes romains en avaient fait découler : ce sera l'objet des chapitres suivants.

CHAPITRE II.

COMMENT S'OPÉRAIT DANS LE PARTAGE LA TRANSLATION DE LA PROPRIÉTÉ.

Après avoir constaté que le partage contenait en droit romain une véritable translation de propriété, voyons comment s'opérait cette translation.

Il est nécessaire, pour résoudre cette question, de distinguer d'un côté le partage volontaire, et, de l'autre, le partage opéré en justice.

SECTION I.

Du partage opéré par les parties.

Le partage volontaire était celui qui avait lieu à l'amiable entre les parties sans l'intervention du juge. On appliquait dans ce cas, purement et simplement, les modes ordinaires de translation de la propriété. Ce n'était qu'autant qu'il y avait eu mancipation ou tradition entre les parties que la propriété se trouvait transférée. Jusque-là, il n'y avait qu'un simple pacte. Le partage ainsi opéré par les parties n'offre donc rien de spécial quant à la translation de la propriété. Il en est autrement du partage opéré par le juge dont nous devons maintenant nous occuper.

SECTION II.

Du partage opéré par le juge.

Dans cette dernière hypothèse, l'action est intentée suivant les formes ordinaires. Celui qui veut provoquer le partage s'adresse au préteur; ce magistrat rédige une formule et renvoie les parties devant un *judex* ou *arbiter*, qui est chargé de procéder aux opérations du partage. Nous n'avons à parler ici que de ce qui a trait à la translation de la propriété.

Ce n'étaient pas, comme on pourrait le penser, les parties qui se transféraient mutuellement la propriété sous la surveillance du juge ; c'était le juge qui, en vertu des pouvoirs que lui donnait la formule, conférait lui-même la propriété. Ainsi il y avait pour le partage un mode spécial de translation de la propriété : ce mode portait le nom d'*adjudicatio* (1).

Le juge avait, pour procéder à l'*adjudicatio*, le pouvoir le plus illimité. Ainsi il pouvait, en présence d'un fonds indivis, soit adjuger moitié de ce fonds à l'un et moitié à l'autre, — soit adjuger la totalité à l'un, sauf à celui-ci à payer une soulte à son copartageant, — soit liciter le fonds, c'est-à-dire le mettre en vente et l'adjuger au plus offrant, — soit même démembrer la propriété, c'est-à-dire créer au profit d'un

(1) Le droit qu'avait le juge romain de transférer la propriété par l'*adjudicatio* apparaît d'une façon encore plus saillante dans l'action *finium regundorum*. Dans l'hypothèse de cette action, en effet, le juge peut, pour réformer les limites, transférer à un voisin la propriété d'une chose sur laquelle ce voisin n'avait aucun droit, tandis que le juge ne fait, dans l'hypothèse de l'action en partage, que transformer en un droit de propriété absolue un droit de propriété indivise.

copartageant des servitudes personnelles ou réelles.

On a conjecturé (1) qu'à l'origine chaque *adjudicatio* était accompagnée d'une *condemnatio*. Ainsi le juge ayant à partager entre Primus et Secundus les fonds A et B, aurait adjugé à Primus le fonds A, puis condamné ce même Primus à payer telle somme à son copartageant; ensuite il aurait adjugé le fonds B à Secundus, en le condamnant à payer telle autre somme à Primus. Plus tard l'opération se serait simplifiée; on aurait compensé les condamnations de telle sorte que celui à qui l'objet du plus de prix avait été adjugé, aurait seul été condamné par le juge à payer une soulte. C'est le système qui semble indiqué par Julien, dans la loi 52, 2, D. *famil. ercisc.*: « Arbiter familiæ erciscundæ inter me et te sumptus, dit-il, quædam mihi, quædam tibi adjudicare volebat: pro his rebus alterum alteri condemnandos esse intelligebat. Quæsitum est, an possit, pensatione ultrò citròque condemnationis factâ, cum solum cujus summa excederet, ejus duntaxat summæ, quæ ità excederet, damnare? Et placuit posse id arbitrum facere. »

Par l'*adjudicatio*, le juge pouvait transférer tout aussi bien la propriété des *res mancipi* que

(1) V. M. Tillard, *Des actes dissolutifs de communauté*, p. 618.

celle des *res nec mancipi* (1). Sous ce rapport, elle était donc plus générale que la tradition, qui, étant un mode du droit des gens, ne pouvait s'appliquer qu'aux *res nec mancipi.* Mais on s'est demandé si l'*adjudicatio* transférait la propriété dans tous les cas, ou si, au contraire, elle ne la transférait qu'autant qu'on se trouvait en présence d'un *judicium legitimum*, de telle sorte que, s'il s'agissait d'un *judicium imperio continens*, le copartageant n'aurait obtenu qu'un droit protégé par le préteur. Les textes ne s'occupent pas directement de cette question relativement à la pleine propriété ; nous verrons, à propos de l'usufruit, quelle était sur ce point la décision des jurisconsultes romains.

Le juge, avons-nous dit, pouvait, par l'*adjudicatio*, créer des servitudes personnelles ou réelles. Les textes ne laissent aucune incertitude à cet égard. Ainsi les lois 6, 1 *de usufructu et quemadmodum* (2), et 6, 10 *communi dividundo*, supposent que le *judex* adjuge à l'un la nue-propriété, à l'autre l'usufruit d'un fonds indivis.

Nous devons faire remarquer ici une décision de la loi 16, 1, *famil. ercisc.*, qui semble en opposition avec d'autres principes proclamés par les lois romaines. Si un testateur avait légué à une

(1) Ulpien, *Regulæ*, tit. 19, 16.
(2) Liv. 7, tit. 1.

personne *fundum* et à une autre l'usufruit de ce fonds, nous voyons dans la loi 19, *de usu et usuf. legato* (1), que la première aurait eu la nue-propriété du fonds, plus la moitié de l'usufruit de ce même fonds, tandis que l'autre n'aurait pu réclamer que la moitié de l'usufruit du fonds. Or, la loi 16, 1 *famil. ercisc.* dit, au contraire, que si le juge a adjugé à l'un *fundum* et à l'autre *usumfructum*, le premier aura la nue-propriété, le deuxième l'usufruit du fonds. La différence entre ces deux solutions est facile à comprendre. On peut en effet parfaitement supposer qu'un testateur a voulu laisser un usufruit indivis entre deux légataires, tandis qu'il serait contraire au bon sens de penser qu'un juge chargé de faire cesser une indivision n'a fait que la remplacer par une seconde encore plus compliquée.

L'usufruit pouvait, du reste, par l'*adjudicatio* comme par tous les autres modes de constitution, être conféré jusqu'à un certain terme ou jusqu'à l'événement d'une condition (*ad certum tempus* ou *ad conditionem*) (2). Mais pouvait-il par l'*adjudicatio* être conféré *ex certo tempore* ou *ex conditione?* Il est certain qu'on pouvait le constituer par legs avec cette modalité; mais les textes ne sont pas d'accord sur le point de savoir si on pou-

(1) Liv. 33, tit. 2.
(2) 48, *Vatic. Fragm.*

vait également l'établir ainsi, soit par la *cessio in jure*, soit par *l'adjudicatio*. Paul nous expose de la façon suivante la controverse qui s'élevait à ce sujet : « Ex certo tempore legari potest. An in jure cedi vel an adjudicare possit variatur. » Et Paul semble même admettre la négative, puisqu'il ajoute : Videamusne non possit, quia nulla legis actio prodita est de futuro (1). » Avant l'année 1823, époque de la découverte des *Fragmenta Vaticana*, personne ne soupçonnait l'existence de cette controverse. Il n'y avait en effet sur ce point qu'un texte d'Ulpien, qui ne fait nullement allusion à une semblable discussion ; car il s'exprime ainsi : « Ususfructus et ex certo tempore et usque ad certum tempus et alternis annis adjudicari potest (2). »

Quel était donc le motif qui faisait incliner Paul à admettre en cette matière une opinion contraire à celle pour laquelle Ulpien se prononce ainsi sans la moindre hésitation ? Ce motif, c'est celui que Paul nous indique par ces mots : « quia nulla legis actio prodita est de futuro. » Une action de la loi ne pouvait en effet jamais conférer de droits futurs, mais seulement des droits actuels. Il en résultait donc aux yeux de Paul que par la *cessio in jure*, qui avait été calquée sur l'*actio sacra-*

(1) 49, *Vatic. Fragm.*
(2) 16, 2, *famil. ercisc.*

menti, on ne pouvait constituer d'usufruit *ex certo tempore*. Paul mettant, dans le texte que nous avons cité l'*adjudicatio* sur la même ligne que la *cessio in jure* et donnant le même motif pour les deux cas, il est tout naturel d'en conclure qu'il adoptait aussi la négative relativement à l'*adjudicatio* parce qu'il y voyait l'image d'une *legis actio*. M. Pellat (1) semble penser au contraire que Paul était guidé par un motif plus philosophique qu'historique. « On conçoit, dit-il, que le juge, qui n'a à s'occuper que des droits actuels des parties, ne leur confère également que des droits actuels. » Nous ne voyons pas, quant à nous, ce qui, à un point de vue purement rationnel, pourrait s'opposer à ce que le juge ne créât qu'un droit qui serait suspendu jusqu'à une certaine époque. Lorsque la mission du juge se borne, comme cela a lieu ordinairement, à constater l'existence d'un droit, on comprend qu'on exige que ce droit existe au moment où cette constatation doit avoir lieu. Mais ici il s'agit non de constater un droit mais d'en créer un ; on ne voit donc pas pourquoi le juge ne pourrait l'affecter d'une certaine modalité. Le motif historique nous semble donc beaucoup plus naturel. Pourquoi l'*adjudicatio* ne serait-elle pas aussi l'image d'une *legis actio*? Sans doute, il n'y a dans l'*adjudicatio* aucune trace de ce com-

(1) *Principes généraux sur la propriété*, p. 53.

bat fictif, qui constituait le fond de l'*actio sacramenti*, et qu'on retrouve dans l'*in jure cessio*. Mais cette *actio sacramenti* était-elle donc la seule *legis actio* ? A côté d'elle ne voyons-nous pas figurer la *judicis postulatio*, qui paraît découler de la loi des XII tables elle-même, et semble avoir été introduite précisément en vue des actions en partage? Plus tard le symbolisme, qui accompagnait vraisemblablement à l'origine la *judicis postulatio*, aura disparu; mais certains jurisconsultes auront voulu conserver dans l'*adjudicatio* cette règle essentielle formulée ainsi par Gaius : « Nulla legis actio prodita est de futuro, » règle qui, comme le fait observer M. Pellat, semble du reste dans l'ancien droit s'être appliquée à tous les *actus legitimi*, même à ceux qui ne se rattachaient pas aux *legis actiones* (1). Quoi qu'il en soit, le droit prétorien faisait sans doute respecter la modalité apposée à la constitution du droit d'usufruit. Cela nous paraît résulter de la loi 4, D. *de servitutibus* (2), que nous retrouverons plus bas.

La découverte des *Vaticana Fragmenta* nous a fait connaître une autre particularité de l'*adjudicatio* à laquelle nous avons déjà fait précédemment allusion. Il fallait, pour que l'usufruit fût

(1) V. M. Pellat, *op. cit.*, § 66, note 2.

(2) Liv. 8, tit. 1.

constitué par l'*adjudicatio*, qu'il y eût *legitimum judicium*, c'est-à-dire que l'instance eût lieu à Rome ou dans un rayon d'un mille autour de Rome, entre citoyens romains, devant un seul juge citoyen romain : « Item potest constitui, dit Paul (1), et familiæ erciscundæ vel communi dividundo judicio legitimo. » Ainsi pour l'usufruit le fait est certain. Si donc le *judicium* n'était pas *legitimum*, l'*adjudicatio* ne pouvait créer qu'un droit protégé par la puissance du préteur. Ce premier point admis, on ne saurait trouver aucun motif de différence sous ce rapport entre la constitution de la pleine propriété et celle de l'usufruit. Il est donc logique de penser que, pour constituer un véritable droit de propriété par l'*adjudicatio*, il fallait, de même que pour la constitution de l'usufruit, qu'il s'agît d'un *judicium legitimum*. Un texte semble même à M. Pellat venir fortifier cette opinion, c'est la loi 44, 1 *famil. erciscundæ*, dans laquelle nous trouvons ces mots : « Adjudicationes prætor tuetur exceptiones aut actiones dando. » A quoi bon, en effet, mentionner ces actions et ces exceptions accordées par le préteur? Ne constituent-elles pas la sanction naturelle de tout droit de propriété? M. Pellat pense donc, non sans quelque raison, que le jurisconsulte Paul a ici eu vue l'hypothèse d'une *adjudicatio* intervenue à

(1) *Vatic. Fragm.*, 47.

l'occasion d'un *judicium imperio continens*, laquelle, aux yeux du pur droit civil, aurait été impuissante à transférer la propriété, mais aurait, grâce à la protection dont l'entourait le prêteur, procuré en fait les mêmes avantages que si le *judicium* eût été *legitimum*. Du reste, sous Justinien, la différence entre les *judicia legitima* et les *judicia imperio continentia* ayant été supprimée, il n'y a plus lieu de faire cette distinction.

Les servitudes prédiales pouvaient, comme les servitudes personnelles, être constituées par l'*adjudicatio* (1) ; mais, bien entendu, ces servitudes ne pouvaient être ainsi établies qu'entre deux fonds héréditaires. Ainsi le juge n'aurait pas pu constituer sur un fonds héréditaire une servitude au profit d'un fonds non héréditaire : « Quia, dit la loi 18, *comm. divid.*, ultra id quod in judicium deductum est excedere potestas judicio non potest. »

C'était par l'*adjudicatio* même que le juge devait constituer les servitudes qu'il jugeait nécessaires. Ainsi il n'aurait pas pu, après avoir adjugé un fonds purement et simplement (*purè*), créer ensuite une servitude sur ce fonds (2).

L'usufruit étant essentiellement temporaire, on conçoit qu'on ait pu lui donner une durée limitée

(1) L. 22, 3, *familiæ ercisc.* — L. 7, 1, *comm. divid.* — L. 18, *comm. divid.*

(2) L. 22, 3, *famil. ercisc.*

par un autre terme que la mort de l'usufruitier. Aussi avons-nous vu qu'on pouvait en principe y opposer toutes les modalités, à moins que, comme dans le cas de l'*adjudicatio*, le mode même par lequel on le constituait ne s'opposât, en droit civil, à l'adjonction de ces modalités. La règle, sur ce point, est directement contraire en matière de servitudes prédiales. Ces servitudes étaient perpétuelles de leur essence. L'adjonction d'une modalité quelconque était nulle en pur droit civil; la servitude était réputée constituée purement et simplement. Toutefois nous avons vu que, suivant Paul, l'adjonction d'un *dies ex quo* ou d'une condition *ex quâ* viciait l'acte même d'*adjudicatio*. Dans ce cas, ce n'était donc pas seulement la modalité qui était effacée, la servitude elle-même était sans existence d'après le droit civil. Mais, en droit prétorien, il en était tout différemment : la servitude et l'adjonction de la modalité étaient regardées comme valables; le préteur faisait respecter les conventions des parties en accordant, contre celui qui voulait les enfreindre, l'exception de pacte ou de dol (1).

Nous avons supposé jusqu'ici un droit de pleine propriété indivis. Il peut arriver que ce soit simplement un démembrement de la propriété qui se trouve dans l'indivision. Comment appliquer alors

(1) 4, *De servitutibus.*

les principes relatifs à la translation de propriété qui s'opère par le partage?

Les textes supposent le partage, soit d'un usufruit, soit d'un droit d'usage. Mais il est évident que, dans ces hypothèses, il ne saurait être question de translation de propriété résultant du partage, car l'usufruit et l'usage ne pouvaient pas plus être transmis par l'adjudication que par tout autre mode. Toutefois, le partage de l'usufruit était fort simple parce que, si ce droit ne pouvait être cédé, il était du moins susceptible de location. Aussi, la loi 70, *comm. divid.* dit-elle : « Le juge devra, soit diviser le fonds soumis à l'usufruit en *regiones*, de telle sorte que chaque copartageant ait l'usufruit de telle *regio*; — soit louer l'usufruit à l'un des copartageants ou à un tiers, et partager entre eux le prix de la location; — soit, notamment au cas d'usufruit mobilier, permettre aux copartageants de jouir successivement de la chose.

Il y avait plus de difficulté au cas où c'était un droit d'usage qui se trouvait indivis. En effet, il ne pouvait pas même être loué. Il eût donc été fort souvent presque impossible au juge d'opérer le partage de ce droit. Aussi, voyons-nous qu'on avait été forcé de déroger à la rigueur du principe juridique. Paul nous l'apprend en ces termes : « Sed prætor interveniet et rem emendabit; ut si judex alteri usum adjudicaverit, non videatur alter, qui mercedem accepit, non uti; quasi plus faciat qui videtur frui; quia hoc propter necessitatem fit (1). » Ainsi, en réalité, grâce à la dérogation introduite par la pratique, le mode de partage était ici exactement le même qu'au cas d'usufruit.

Quant aux créances elles étaient divisées de plein droit, en vertu de la loi des XII tables elle-même. « Ea quæ in nominibus sunt, dit une constitution de Gordien (2), non recipiunt divisionem, cum ipso jure in portiones hæreditarias ex lege XII tabularum divisa sint. » Mais cette division de plein droit entraînant un morcellement souvent fort incommode, des conventions intervenaient la plupart du temps lors du partage des autres biens dépendant de la succession. C'est ce que constate la loi 2, 5, *famil. ercisc.*: « In hoc judicium, porte-t-elle, etsi nomina non veniunt, tamen si stipulationes interpositæ fuerint de divisionibus eorum, ut stetur ei et ut alter alteri mandet actiones procuratoremque eum in suam rem faciat, stabitur divisioni. » La créance, au lieu de se trouver disséminée entre plusieurs, ce qui eût été fort gênant, se trouvait, au moyen de ces conventions, tout entière dans les mêmes mains. Dans la loi 3, *famil. ercisc.* Gaius, suppose non pas le cas où les parties font entre elles de pareil-

(1) 10, 1, *comm. divid.*
(2) Constitution 6, cod., 3, 36.

les conventions, mais celui où c'est le juge lui-même qui met obstacle au démembrement de la créance. Le jurisconsulte commence par exposer les inconvénients résultant du partage légal : « Planè ad officium judicis nonnunquam pertinet ut debita et credita singulis pro solido, aliis alia adtribuat, quia sæpè et solutio et exactio partium non minima incommoda habet. » Puis il précise nettement le caractère de cette attribution opérée par le juge : « Il n'en résulte pas, dit-il, que l'un des héritiers devienne seul débiteur ou créancier de l'intégralité de la somme ; seulement celui en faveur duquel cette attribution est prononcée devient mandataire des autres, en ce qui concerne la part attribuée à ceux-ci par l'effet du partage légal ; mais il n'est pas simple mandataire ; il est *procurator in rem suam* ! « Nec tamen scilicet hæc attributio illud efficit ut quis solus totum debeat vel totum alicui soli debeatur, sed ut, sive agendum sit, partim suo partim procuratorio nomine agat, sive cum eo agatur, partim suo partim procuratorio nomine conveniatur : nam licet libera potestas esse maneat creditoribus cum singulis experiundi, tamen et his libera potestas est suo loco substituendi eos, in quos onera actionis officio judicis translata sunt. »

Il était d'un haut intérêt d'indiquer ces principes, car si on admet, comme nous le ferons, que l'art. 883 C. Nap. n'est pas applicable aux créances héréditaires, il en résulte que la théorie romaine est celle qui nous régit encore aujourd'hui.

—

CHAPITRE III.

DES CONSÉQUENCES DE L'EFFET TRANSLATIF DU PARTAGE ENTRE LES COPARTAGEANTS.

Nous avons constaté que le partage contenait, aux yeux des jurisconsultes romains, une véritable aliénation. Nous nous sommes ensuite demandé comment par le partage s'opérait cette aliénation. Il nous faut maintenant déduire les autres conséquences du principe que nous avons posé. Nous supposerons d'abord qu'aucun droit n'a été consenti au profit de tiers pendant l'indivision.

§ 1. — *Capacité nécessaire pour partager.*

Le partage étant une aliénation, une première conséquence toute naturelle était qu'il fallait, pour le provoquer, avoir la capacité d'aliéner (1). Aussi voyons-nous les textes décider que le mineur ne pouvant, depuis un sénatus-consulte rendu sous Alexandre-Sévère, aliéner ses pro-

(1) V. 18, 2, *De castrensi peculio* (liv. 49, tit. 17).

priétés immobilières sans un décret du préteur, ne pourra sans un tel décret provoquer le partage de ces fonds. Mais, comme en droit romain, de même que chez nous, nul n'était tenu de rester dans l'indivision, ce décret n'était pas exigé dans le cas où le mineur ne faisait que répondre à l'action en partage intentée contre lui (1).

De même, le mari qui avait reçu en dot une part dans un fonds indivis, ne pouvait provoquer le partage de ce fonds ; mais il pouvait répondre à l'action en partage (2).

§ 2. — *De l'action en garantie.*

Lorsqu'une aliénation à titre onéreux a été faite et que postérieurement l'acquéreur se trouve évincé sans sa faute, il peut intenter une action en garantie contre son auteur. Le partage étant considéré en droit romain comme une aliénation, nous devons naturellement trouver une action en garantie au profit du copartageant évincé. C'est en effet ce que constatent expressément des textes nombreux. Toutefois l'action qu'ils donnent n'est pas toujours la même ; les uns accordent au copartageant l'action *præscriptis verbis*, les autres l'action *ex empto*. Cette différence tenait à ce que

(1) 7, princ., *De rebus eorum qui*, etc. (liv. 23, tit. 9).
(2) 2, C., *De fundo dotali* (liv. 23, tit. 5).

les uns assimilaient le partage à l'échange, tandis que les autres l'assimilaient à la vente.

On ne donnait ni l'action *ex empto* ni l'action *præscriptis verbis* dans l'hypothèse où il y avait eu stipulation spéciale en vue de l'éviction. Dans ce cas, c'était l'action *ex stipulatu* qu'on pouvait intenter. Et toute action en garantie était refusée, s'il avait été convenu entre les parties que chaque cohéritier devait courir les chances de l'éviction, sans pouvoir rien réclamer aux autres : « Si familiæ erciscundæ judicio, quo bona paterna inter te et fratrem tuum æquo jure divisa sunt, nihil super evictione rerum singulis adjudicatarum specialiter inter vos convenit, ut unusquisque eventum rei suscipiat, rectè possessionis evictæ detrimentum fratrem et cohæredem tuum pro parte agnoscere, præses provinciæ per actionem prescriptis verbis compellet. »

Quelles étaient les bases qui servaient à déterminer l'indemnité due au cas d'éviction ? La l. 66, 3, *de evictionibus*, assimile complétement sous ce rapport le partage à la vente. Nous y voyons en effet que, comme dans la vente, le copartageant évincé peut réclamer la valeur qu'a la chose au moment de l'éviction. « Divisione inter cohæredes factâ, si procurator absentis interfuit, et dominus ratam habuit, evictis prædiis in dominum actio habetur, quæ daretur in eum qui negotium absentis gessit, ut, quanti suâ interest, actor consequatur: scilicet ut melioris aut deterioris agri facti causa, finem pretii, quo fuerat tempore divisionis æstimatus, deminuat vel excedat. » Dumoulin s'est efforcé de donner à ce texte un sens autre que celui que nous venons d'indiquer. D'après lui, pour apprécier la somme due à raison de l'éviction, il faut se placer non pas à l'époque de l'éviction, mais à celle du partage. Il essaie de justifier cette théorie en disant que, bien que le partage fût considéré en droit romain comme une aliénation, il devait nécessairement différer de la vente, en ce que celui qui a vendu la chose d'autrui est le seul qui ait induit l'acheteur en erreur (*solus totam rem suam asserit*), tandis que, dans le partage, c'est aussi bien par mon propre fait que par celui de mes copartageants que la chose a été mise dans mon lot. Je ne puis rien leur imputer que je ne puisse m'imputer à moi-même. Je n'ai donc pas le droit de réclamer d'eux des dommages-intérêts; je ne puis que demander le rétablissement de l'égalité. Or, pour rétablir l'égalité, il suffit de me faire obtenir la valeur qu'avait la chose lors du partage. Quant au texte de la loi 66, Dumoulin n'y voit pas un obstacle à son système; car, d'après lui, cette loi suppose une éviction occasionnée par le fait particulier

(1) Liv. 21, tit. 2.

d'un copartageant. Mais, comme cette idée n'apparaît nullement dans le texte, qui pose le principe de la façon la plus absolue, on ne saurait admettre une semblable explication, qui du reste, même à un point de vue purement rationnel, est sans fondement sérieux. Dumoulin a cherché ici bien plus à plier le texte à sa propre théorie qu'à découvrir d'après cette loi le véritable système du droit romain. La garantie en matière de partage était donc en droit romain complétement assimilée à la garantie due au cas de vente (1).

§ 3. — *De l'Action en rescision pour lésion*

Du caractère translatif du partage en droit romain nous devons également conclure que les règles de la rescision pour lésion applicables à la vente devaient être observées en matière de partage. Dioclétien et Maximien ayant exigé, pour qu'il pût y avoir rescision, une lésion d'outre moitié, il est vraisemblable que la même lésion était nécessaire au cas de partage. Toutefois, au moyen-âge, les commentateurs, regardant l'égalité comme une condition beaucoup plus essentielle dans le partage que dans la vente, soutinrent qu'il suffisait dans les partages d'une lésion moindre que celle exigée dans la vente. Mais c'était là une dé-

(1) V. Dumoulin, Traité *de eo quod interest*, n° 145 ; et Pothier, De la vente, n° 632.

cision fondée plutôt sur le désir que les jurisconsultes avaient de voir établir sur ce point une différence entre le partage et la vente, que sur les textes, qui sont absolument muets. Aussi verrons-nous le président Favre résister avec énergie à cette interprétation et proclamer, après Accurce et son école, qu'il faut, dans le partage comme dans la vente, lésion d'outre moitié.

—

CHAPITRE IV.

DES CONSÉQUENCES DE L'EFFET TRANSLATIF DU PARTAGE A L'ÉGARD DES TIERS.

C'est surtout sur cette partie de notre matière que la législation romaine était en opposition avec les règles suivies par notre droit. Les jurisconsultes romains, entraînés par la logique, admettaient en effet sans restriction toutes les conséquences de l'effet translatif aussi bien à l'égard des tiers, qui avaient contracté avec les copartageants, qu'à l'égard des copartageants eux-mêmes. Nous allons donc passer en revue les différents textes relatifs aux actes qui pouvaient intervenir, pendant l'indivision, entre les copartageants et des tiers.

I. Le partage étant considéré comme une aliénation, il devait naturellement en résulter qu'il constituait un juste titre susceptible de servir de fondement à l'usucapion. C'est en effet ce que décide la loi 17 *de usurp. et usuc.*(1) ainsi conçue : « Si per errorem de alienis fundis quasi de communibus, judicio communi dividundo accepto, ex adjudicatione possidere cœperim, longo tempore capere possum. » Le jurisconsulte suppose que le juge a adjugé des fonds qui n'étaient pas communs et appartenaient à d'autres que les copartageants. Or il décide que, si les copartageants les ont possédés en vertu de cette *adjudicatio* pendant un temps assez long, ils les auront ainsi acquis par l'usucapion. Nous aurons à nous demander si, en présence des principes admis par notre Code, cette décision n'est pas inapplicable dans notre droit.

II. Si, pendant l'indivision, un des copartageants a concédé à un tiers une hypothèque sur sa part indivise, quel sera, lors du partage, le sort de cette hypothèque? La solution donnée à cette question par les jurisconsultes romains est formelle : « L'hypothèque, disaient-ils, ayant été consentie sur la part indivise, subsistera, même après le partage, sur cette part indivise (2). Par l'hypothèque un droit réel a été créé au profit

(1) Liv. 41, tit. 3.

(2) V. M. Machelard, *Textes de droit romain*, 2e partie, § 1er.

d'un tiers sur la part indivise ; le partage est une véritable aliénation ; la part échue à l'autre copartageant ne passera donc entre ses mains que grevée de ce droit réel. » Ainsi soient deux fonds A et B indivis entre Primus et Secundus ; Primus consent au profit de Tertius une hypothèque sur la moitié indivise qu'il a sur chacun des fonds A et B. Le partage est opéré ; Primus obtient le fonds A ; Secundus a le fonds B. Chacun des lots restera grevé pour une moitié indivise de l'hypothèque de Tertius. Le juge, qui jouissait en matière de partage d'un pouvoir si étendu, n'aurait pas eu le droit de transporter sur la totalité du fonds A échu à Primus l'hypothèque, qui frappait la moitié indivise de chaque fonds. N'eût-ce pas été en effet porter atteinte aux droits du créancier que de changer ainsi la chose grevé de l'hypothèque, que de modifier la base sur laquelle ce créancier avait voulu établir son droit? Une personne est propriétaire unique d'un fonds ; elle l'hypothèque et l'échange ensuite contre la propriété exclusive d'un autre fonds ; ne serait-ce pas violer d'une façon manifeste le droit du créancier hypothécaire que de transporter son hypothèque de l'ancien fonds sur le nouveau? Or le partage étant pour les jurisconsultes romains un échange entre deux copropriétés, ils devaient nécessairement donner la même solution dans les deux cas.

Tous les textes s'accordent du reste pour nous montrer que telle était la théorie admise en cette matière par le droit romain. Bornons-nous à citer la loi 7, 4 (1), *quibus modis pignus*, etc, qui pose clairement le principe : « Si une personne, dit Gaïus dans cette loi, a hypothéqué sa part indivise dans un fonds commun, une fois le partage opéré, l'hypothèque portera non pas sur la part à elle échue par le partage, mais sur la moitié indivise de chaque part. »

La part grevée d'hypothèque se trouvait par suite de ce système diminuée de valeur. Aussi la loi 6, 8 *comm. div.*, après avoir proclamé que l'hypothèque doit être maintenue sur la part indivise, soit que le fonds ait été divisé entre les copartageants, soit qu'il ait été adjugé tout entier à l'un d'eux, ajoute : « arbitrum autem communi dividundo hoc minoris partem æstimare debere, quod ex pacto vendere eam rem creditor potest — le juge devra estimer à un moindre prix la part grevée, puisque le créancier hypothécaire peut la faire vendre en vertu de la convention. »

La loi 3, 2, *qui potiores* (Liv. 20, tit. 4.) indique une autre manière de prévenir les inconvénients résultant de l'effet translatif attaché au partage. L'hypothèse de ce texte est celle-ci : Il y a indivision entre deux frères, Primus et Secundus ;

(1) Liv. 20, tit. 6.

l'un d'eux (Primus) consent une hypothèque au profit de Tertius. On opère le partage. Pour que Secundus n'ait pas à souffrir de l'hypothèque concédée pendant l'indivision, Primus fait avec lui une convention par laquelle il lui donne une hypothèque sur la moitié de la portion échue à lui (Primus) par le partage. Et le jurisconsulte ajoute avec raison que l'hypothèque consentie à Tertius ne nuira pas à celle concédée à Secundus. Elles ont en effet chacune une base différente, puisque l'une frappe la moitié indivise qui appartenait à Primus avant le partage, et que l'autre grève la moitié indivise qui ne lui est échue que depuis l'accomplissement du partage.

Ces divers remèdes pouvaient être salutaires pour le cas où les hypothèques étaient connues des copartageants. Mais il y avait un inconvénient beaucoup plus grave que les parties ne pouvaient éviter dans la législation romaine. Les hypothèques étant occultes, il devait arriver souvent qu'une des parties n'eût pas connaissance de celles qui avaient été consenties par ses copartageants et se trouvât ainsi n'obtenir par l'effet du partage qu'une propriété grevée et de peu de valeur.

III. — Nous ne nous sommes occupés jusqu'ici que des hypothèques conventionnelles. Nous avons maintenant à étudier les conséquences de l'effet translatif relativement à l'hypothèque légale des légataires sur les biens héréditaires. On oppose souvent aux dispositions de notre droit sur cette matière les principes du droit romain. On montre combien est illogique la règle de l'art. 1017 C. Nap., d'après lequel chaque héritier est tenu personnellement, pour sa part, et hypothécairement pour le tout; et on signale, au contraire, combien est conforme aux principes la règle de la constitution de Justinien (Loi I, Cod., *comm. de legat.*), qui est ainsi formulée : « In tantum et hypothecariâ unumquemque conveniri volumus, in quantum personalis actio adversus eum competit » Sans doute les reproches adressés à l'art. 1017 sont parfaitement fondés; sans doute aussi les principes du droit romain ont été scrupuleusement respectés par la constitution de Justinien. Toutefois les admirateurs de cette constitution n'en aperçoivent peut-être pas toujours toutes les conséquences. Une application exacte de la règle de l'effet déclaratif du partage va nous conduire à un résultat qui pourrait surprendre certains d'entre eux. Nous allons en effet reconnaître que les droits hypothécaires des légataires étaient, dans la législation romaine, presque identiques à ceux qui leur sont accordés par l'art. 1017 de notre Code.

Prenons une hypothèse particulière, afin de

mieux fixer les idées si promptes à s'égarer en pareille matière. Supposons que Paul meure laissant deux héritiers, Primus et Secundus, et deux fonds A et B valant chacun 15,000 fr.; il a, en outre fait à Tertius un legs de 20,000 fr. Par suite du partage, Primus obtient le fonds A et Secundus le fonds B. Que décide notre Code? Il donne à Tertius une hypothèque sur le fonds A jusqu'à concurrence de 20,000 fr., quoique Primus ne soit tenu personnellement envers lui que pour 10,000 fr. Et quoique la dette de Secundus envers Tertius ne soit également que de 10,000 fr., celui-ci a, sur le fonds B, hypothèque jusqu'à concurrence de 20,000 fr.

Quelle était, en présence de la même hypothèse, la décision de la loi romaine? Dans cette législation, l'hypothèque n'existe sur les biens héréditaires que jusqu'à concurrence du montant de la dette personnelle de chaque héritier. Mais, comme c'est à l'époque du décès, c'est-à-dire au moment même où commence l'indivision, que l'hypothèque légale des légataires prend naissance, nous dirons : Tertius est créancier de Primus pour 10,000 fr.; cette créance est garantie par une hypothèque sur la part indivise de Primus dans les fonds héréditaires; par conséquent Tertius a une hypothèque jusqu'à concurrence de 10,000 fr. sur la moitié indivise de A et sur la moitié indivise de B. Même solution en ce qui concerne Secundus : Tertius a contre lui une créance de 10,000 fr., et, pour la garantir, une hypothèque jusqu'à concurrence de 10,000 fr. sur la moitié indivise de A et sur la moitié indivise de B. Ainsi, Tertius se trouve avoir sur le fonds A, du chef de Primus, hypothèque pour 10,000 fr. sur une moitié indivise, et, du chef de Secundus, hypothèque également pour 10,000 fr. sur l'autre moitié indivise de ce même fonds. Il a donc en réalité hypothèque pour 20,000 fr. sur la totalité du fonds A. — Tertius a de même hypothèque pour 10,000 fr. du chef de Primus, et pour 10,000 fr. du chef de Secundus sur chaque moitié indivise du fonds B, c'est-à-dire hypothèque pour 20,000 fr. sur la totalité de ce fonds.

Le partage s'effectue. Quel changement cette opération va-t-elle apporter dans les droits de Tertius? Primus obtient la pleine propriété de A ; Secundus la pleine propriété de B. Primus, propriétaire exclusif de A, est tenu hypothécairement sur ce fonds envers Tertius pour 10,000 fr. de son chef, et pour 10,000 fr. du chef de Secundus, car il n'a pu acquérir la moitié indivise de celui-ci dans le fonds A que grevée de l'hypothèque légale qui existait sur elle au profit de Tertius. Donc, Primus est en réalité tenu hypothécairement envers Tertius pour 20,000 fr. De même Secundus, étant tenu hypothécairement sur le fonds B pour 10,000 fr. de son chef, et pour 10,000 fr. du chef de Primus, est bien réellement tenu hypothécairement pour 20,000 fr. envers Tertius. Or, n'est-ce pas là précisément ce que décide l'art. 1017 du Code Napoléon? Ainsi, les rédacteurs de notre Code et ceux de la Constitution de Justinien sont arrivés au même résultat; seulement, ils y sont parvenus par des voies différentes. Les premiers ont été égarés par le principe de l'indivisibilité de l'hypothèque dont ils ont fait un étrange abus; les autres ont, au contraire, été guidés par les véritables principes de leur législation, dont ils ont fait la plus saine application.

Toutefois il serait inexact d'admettre une analogie complète entre les deux législations. D'après l'art. 1017 chaque héritier est tenu hypothécairement pour le tout *de son chef*. D'après le droit romain, au contraire, chaque héritier est tenu hypothécairement moitié de son propre chef, moitié du chef de son cohéritier. Qu'en résulte-t-il? C'est que, dans l'hypothèse précédente, chaque héritier ne pourra chez nous se libérer de l'hypothèque qu'en payant les 20,000 fr. ou en abandonnant la totalité du fonds. Au contraire, en droit romain, chaque héritier sera libéré s'il paie 10,000 fr. et abandonne en outre la moitié indivise du fonds à lui échu, puisque, pour une moitié indivise, il n'est tenu que comme détenteur.

La différence des principes amène encore des conséquences différentes dans l'hypothèse suivante : Supposons que le testateur a mis à la charge d'un de ses héritiers la totalité d'un legs. Cet héritier sera seul tenu hypothécairement d'après l'art. 1017, puisqu'il se trouve seul débiteur du legs. Au contraire, dans la législation romaine, l'autre héritier sera tenu hypothécairement comme tiers-détenteur sur la moitié indivise du fonds mis dans son lot (1).

IV. La loi 31 *de usu et usufructu legato* met en relief la même doctrine relativement à l'usufruit. Elle nous dit en effet que, si un usufruit a été constitué sur un fonds indivis entre deux personnes, cet usufruit grèvera, après le partage, non pas la totalité de la part échue à celui qui a constitué cet usufruit, mais la moitié indivise de chaque portion.

Ainsi toutes les fois qu'il y aura un droit réel créé pendant l'indivision, on appliquera la doctrine de l'effet translatif. Nous ne voulons pas nous arrêter à discuter l'objection qu'on a cru pouvoir tirer de la constitution unique au Code, *si communis res pignori*, etc. (liv. 8, tit. 31) qui, est ainsi conçue : « Frater vester, sicut vobis invitis

(1) Sur ces deux points, V. M. Machelard (*op. cit.*).

portionem vobis competentem obligare non potuit, ita suam dando obligationem creditori quæsivit. Unde intelligitis contractum ejus nullum præjudicium dominio vestro facere potuisse. » Il nous est impossible de comprendre comment on peut trouver dans cette loi un obstacle quelconque à la théorie que nous venons d'établir. Ce n'est évidemment que parce qu'on a lu ce texte en songeant à notre idée moderne de l'effet déclaratif qu'on y a vu une contradiction avec les lois précédentes. Que dit-il, si ce n'est que je ne puis consentir de droits au profit de tiers que sur les biens qui m'appartiennent — que, par conséquent, pendant l'indivision, je ne puis hypothéquer que ma part indivise et non la vôtre ? Lebrun (1) s'est mépris sur la portée de ce texte. Il a cru qu'Antonin se plaçait à l'époque postérieure au partage, tandis qu'il s'occupe de la période d'indivision. Tout s'explique donc avec la plus parfaite clarté, sans qu'on ait besoin de recourir aux conciliations hasardées de Lebrun. Il n'y a là que l'énoncé d'une proposition naïve peut-être, mais à coup sûr d'une incontestable exactitude.

V. — Arrivons à une dernière hypothèse sur laquelle il semble au premier abord que les jurisconsultes romains aient abandonné leur théorie. Nous

(1) *Traité des successions*, II p. 213.

voulons parler du cas où un des copropriétaires a vendu sa part pendant l'indivision. Il semble qu'on devra dire ici, de même que dans les hypothèses précédentes, que l'acheteur aura droit à ce qui lui a été cédé, c'est-à-dire à la moitié indivise de chaque part (en supposant un fonds indivisis et deux copropriétaires). Cependant la loi 13, 17 *de actionibus empti et venditi* (1) dit formellement le contraire : « Fundi quem cum Titio communem habebas, dit le jurisconsulte, partem tuam vendidisti, et, antequam traderes, coactus es communi dividundo judicium accipere. — 1° Si socio fundus sit adjudicatus, quantùm ob eam rem a Titio consecutus es, id tantùm emptori præstabis; — 2° Quòd si tibi fundus totus adjudicatus est, totum eum emptori trades : sed ita, ut ille solvat quod ob eam rem Titio condemnatus es. Sed ob eam quidem partem quam vendidisti, pro evictione cavere debes; ob alteram autem, tantùm de dolo malo repromittere. Æquum est enim eamdem esse conditionem emptoris quæ futura esset, si cùm ipso actum esset communi dividundo; — 3° Sed si certis regionibus fundum inter te et Titium judex divisit, sine dubio partem quæ adjudicata est emptori tradere debes. » Ainsi ce ne sera qu'après l'issue du partage qu'on pourra connaître ce à quoi l'acheteur a droit. Si le vendeur ob-

(1) Liv. 19, tit. 1.

tient la moitié du fonds, l'acheteur aura cette moitié ; si le fonds est adjugé à l'autre partie, l'acheteur ne peut réclamer que le prix payé à son vendeur par le cohéritier ; si enfin c'est à son vendeur que l'adjudication fait obtenir la totalité du fonds, l'acheteur sera tenu de recevoir la totalité de ce fonds, sauf à rembourser à son vendeur le prix payé par celui-ci à son copartageant.

Pourquoi cette décision particulière au cas de vente ? Pour un motif fort simple que Bartholo et Ant. Favre avaient parfaitement saisi et que Paul de Castro avait également indiqué. Voici en quels termes Coquille nous rend compte de l'opinion de ce dernier auteur : « Paul de Castro donne la raison de la différence, à sçavoir qu'au cas d'hipothèque le créancier *habet jus in re, quod cùm semel rei infixum sit, eam sequitur in quascumque manus venerit ;* mais au cas de vente *emptor ante traditionem habet tantùm jus ad rem et actiones ob rem competentes solus exercet.* » Ainsi la différence de solution tient uniquement à ce que, au cas d'hypothèque ou d'usufruit, il y a un droit réel de créé, droit réel qui s'attache désormais à la portion sur laquelle il a été constitué, et auquel ni les conventions des copartageants ni les décisions du juge ne sauraient porter atteinte. Ici au contraire nous ne nous trouvons pas en présence d'un droit réel ; il n'y a eu de la part du vendeur qu'une simple obligation de contractée. On décidait donc que l'acheteur serait représenté au partage par le vendeur, et qu'il ne pourrait réclamer aucune indemnité dans le cas où la chose ne serait pas mise dans le lot du vendeur ; car il devait s'attendre à subir les conséquences du partage.

Cujas, dans son commentaire de cette loi (1), a bien saisi le motif de la décision du jurisconsulte. Mais, dans son commentaire de la loi 31, *de usu et usuf. legato* (2), il abandonne cette explication et la traite même avec un dédain qu'il ne déguise pas : *Nugæ Bartholinæ*, dit-il, après avoir exposé la doctrine de Barthole. A ses yeux, la contradiction entre les textes se résout par une question d'interprétation, qui, nous l'avouons, nous échappe.

Mais la décision de la loi 13, 17 *de action. empti* doit être restreinte au cas où le partage a lieu après la vente mais avant la tradition. Une fois la tradition opérée, l'acheteur a succédé complétement aux droits du vendeur ; l'indivision n'existe plus entre le vendeur et son cohéritier, mais entre ce cohéritier et l'acheteur. C'est donc entre eux que le partage va avoir lieu désormais. Aussi voyons-nous Neratius s'exprimer ainsi dans la loi 84, *famil. ercisc.* : « Ex hæreditate Lucii Titii,

(1) *Recit. Solemnes ad hanc legem.*
(2) *Recit. Solemnes ad hanc legem.*

quæ mihi et tibi communis erat, fundi partem meam alienavi ; deinde familiæ erciscundæ judicium inter nos acceptum est. Neque ea pars quæ mea fuit, in judicio veniet, cum alienata de hæreditate exierit ; neque tua, quia etiamsi remanet in pristino jure, hæreditariaque est, tamen alienatione meæ partis exiit de communione. »

La loi 3, C. *communi dividundo* donne la même solution ; mais au lieu d'employer le mot *alienatio*, elle se sert du terme *vendere*, de telle sorte qu'en ne consultant que le texte, nous nous trouvons dans l'hypothèse prévue par la loi 13, 17 *de actionibus empti*, et cependant nous rencontrons ici la solution que nous venons de lire dans la loi 54, *famil. ercisc.* L'empereur dit en effet dans la Constitution dont nous parlons : « Ad officium arbitri, qui inter te et fratrem tuum pro dividendis bonis datus fuerit, ea sola pertinent quæ manent in communia tibi et illi ; nam ea quorum partem is vendidit cum emptoribus tibi communia sunt, » etc.

Mais pour dissiper la contradiction apparente, qui existe entre ce texte et le précédent, il suffit de remarquer que cette loi est du Bas-Empire. Or à cette époque on voit fréquemment le mot *vendere* employé comme synonyme de *alienare*.

APPENDICE. — Nous arrivons ainsi au terme de notre travail sur le droit romain. Nous avons vu, dans tous le cours de cette première partie, la doctrine de l'effet translatif du partage proclamée et appliquée par les jurisconsultes romains avec une logique, qui ne se démentait jamais et qui ne cédait même pas devant les difficultés si nombreuses que cette théorie devait soulever dans la pratique. Avant de suivre à travers notre ancien droit les destinées de cette règle, nous voulons toutefois montrer que, bien avant nos légistes, un jurisconsulte célèbre, Trebatius, frappé sans doute, des conséquences souvent funestes de la doctrine de l'effet translatif, avait entrepris de faire triompher le système de la rétroactivité du partage. Ces efforts de Trebatius nous sont signalés par la loi 31, *de usu et usufructu* dont nous avons déjà parlé précédemment. Voici le texte de cette loi : « Is qui fundum tecum communem habebat, usumfructum fundi uxori legaverat, post mortem ejus tecum hæres arbitrum communi dividundo petierat. Blæsus ait Trebatium respondisse, si arbiter certis regionibus fundum divisisset : ejus partis, quæ tibi obtigerit, usumfructum mulieri nulla ex parte deberi : sed ejus quod hæredi obtigisset, totius usumfructum eam habituram. Ego hoc falsum puto. Nam cum ante arbitrum communi dividundo conjunctus pro indiviso ex parte dimidia totius fundi ususfructus mulieris fuisset : non potuisse arbitrum, inter alios judicando, alterius jus mutare : quod et receptum est »

On voit sans peine quelle est l'espèce en question : Un mari, qui a la moitié indivise d'un fonds, lègue à sa femme l'usufruit de sa part. (On a fait observer avec raison qu'il faut supposer ici un legs *per vindicationem*, sans quoi, à l'époque de Trebatius, il n'y eût pas eu de droit réel de créé). Après le partage, l'usufruit portera-t-il sur la moitié indivise de chaque part ou bien sur la totalité de la part mise dans le lot du mari ? La doctrine de l'effet translatif exige, nous l'avons vu, la première décision. Or Trebatius, d'après Blæsus, se serait prononcé en faveur de la seconde ; il aurait ainsi donné au partage un effet rétroactif ; il aurait fait remonter cet effet au jour où l'usufruit a été constitué. Cette doctrine est assurément la plus simple et évite bien des complications ; mais comme elle violait manifestement les principes du droit romain, nous voyons Labéon dire, sans hésiter : « non potuisse arbitrum alterius jus mutare, » et ajouter avec non moins d'assurance : « quod et receptum est. »

A partir de ce moment nous ne rencontrons dans les textes aucune nouvelle tentative en faveur du système soutenu par Trebatius. Mais il y avait là un germe, qui, longtemps étouffé, devait enfin éclore au XVIe siècle sous des influences bien diverses qu'il nous faut maintenant exposer.

DEUXIÈME PARTIE.

ANCIEN DROIT FRANÇAIS[1].

CHAPITRE PREMIER.

COMMENT LA MAXIME DE L'EFFET DÉCLARATIF DU PARTAGE S'EST-ELLE INTRODUITE DANS NOTRE ANCIEN DROIT?

Ce fut sous la féodalité que se prépara la transformation, qui devait détruire la règle romaine et faire triompher le principe soutenu par Trebatius, En vertu des règles féodales le seigneur et le vassal se trouvaient investis de certains droits et soumis à certaines obligations. Or à l'origine ni le seigneur ni le vassal ne pouvaient se substituer un tiers dans l'exercice de ces droits ou dans l'exécution de ces obligations. « Sous les dénominations diverses d'emphytéose, de bénéfices, de fiefs ou de censives, la convention qui produisit cet état de choses eut ce caractère commun et

(1) V. sur cette matière la belle étude historique de M. Championnière (*Revue de législation*, t. 7, p. 405).

propre à toute société, que la considération de la personne en fut un des éléments (1). » C'était à tel seigneur déterminé que le vassal avait engagé sa foi ; c'était à tel vassal déterminé que le seigneur avait promis protection. Il fallait donc que le seigneur obtînt le consentement du vassal pour pouvoir transmettre à un tiers ses droits et ses obligations ; il fallait de même consentement du seigneur pour que le vassal pût se substituer une autre personne restée complétement étrangère au contrat primitif (2). Mais à cette époque, la force étant la seule règle, il arriva tout naturellement que le seigneur s'affranchit de cette nécessité d'obtenir le consentement de son vassal, tandis que le vassal resta rigoureusement soumis aux lois primitives de la convention. L'aliénation opérée sans le consentement du seigneur fut déclarée nulle (3).

En présence de cette prohibition devait s'élever une question des plus graves relativement au partage. Nous avons vu les jurisconsultes romains proclamer que le partage constitue une aliénation.

(1). M. Championnière (*Revue de législa.*, p. 415).

(2) « Nec dominus nec vassallus altero invito alienare feudum potest, sit ex parte vel totum. » (V. les *Libri Feudorum*.)

(3) Cette règle fut sanctionnée d'une façon plus sévère encore dans les lois lombardes : le vassal était dépouillé du fief aliéné; et le notaire, qui avait reçu l'acte était privé de son office, noté d'infamie et condamné à avoir une main coupée.

Si donc la doctrine romaine eût été appliquée à l'époque féodale, les partages eussent été, en vertu de la règle que nous venons d'exposer, interdits au vassal sans le consentement du seigneur. Et cependant nous voyons, dès le XIIe siècle non-seulement le droit de succéder mais aussi celui de partager reconnus comme existant au profit des héritiers. C'est qu'en effet le partage étant la conséquence naturelle de la succession, la faculté de succéder entraîna par la force même des choses celle de partager, sans qu'on songeât alors à se demander si le partage présentait ou non les caractères d'une aliénation.

Toutefois, la faculté de partager était trop nuisible à la féodalité pour que les seigneurs n'essayassent pas de la détruire. La force du seigneur ne serait-elle pas en effet singulièrement ébranlée si, au lieu d'avoir un vassal riche et puissant, il avait une foule de petits vassaux dont l'appui devait être peu efficace?

Ce fut cette idée qui porta le duc de Bretagne, Geoffroy, à publier l'assise restée célèbre par laquelle il décide « par le commun consentement des évêques et de tous les barons de Bretagne » que « dans les baronies et les fiefs de chevalerie il ne se fera plus de partage, mais que le fils aîné aura entièrement le domaine et que les aînés pourvoiront à la subsistance de leurs puînés. »

Cette mesure fut même adoptée pour tous les fiefs de dignité. Les seigneurs voulurent interdire également le partage aux vassaux subalternes. Ceux-ci résistèrent énergiquement ; ils rendirent vaines les prétentions des seigneurs en recourant à la combinaison du *parage* ou *frérage*. Par ce moyen la faculté de partager se maintint. Les efforts des rois et des hauts-seigneurs n'aboutirent qu'à faire obtenir à l'aîné une part plus forte, qui variait selon les pays, c'est-à-dire à établir le droit d'aînesse. Mais, sauf cette modification apportée à l'égalité des partages, il n'en resta pas moins vrai en principe que le vassal pouvait partager sans avoir besoin du consentement du seigneur, tandis que ce consentement leur était nécessaire pour aliéner.

Comme ce n'était qu'à titre de conséquence du droit de succession que la faculté de partager sans autorisation s'était introduite, les partages héréditaires jouirent seuls de ce privilége ; tout autre partage resta soumis au droit commun des aliénations et ne put être effectué sans le consentement du seigneur.

Peu à peu les institutions féodales se transformèrent. Essentiellement militaires à l'origine, elles prirent au bout de quelques siècles un caractère presque exclusivement pécuniaire. C'était là une conséquence nécessaire de la révolution sociale qui s'était opérée. Les progrès du pouvoir royal rendirent moins utile la protection qu'on n'avait trouvée jusque-là que dans la féodalité. Mais les seigneurs ne voulaient pas pour cela abdiquer leurs droits. Ils cherchèrent à les transformer et à en tirer un profit pécuniaire. Ils vendirent leur consentement à l'aliénation des fiefs, de telle sorte que bientôt la nécessité de l'autorisation seigneuriale fut remplacée par l'obligation de payer un certain impôt. Mais dans les cas où antérieurement cette autorisation n'était pas nécessaire, il est évident qu'on ne pouvait rien exiger puisque la somme que payait le vassal n'était considérée que comme le prix du consentement donné par le seigneur. Il en résulta que la transmission héréditaire et le partage, affranchis antérieurement de la nécessité de l'autorisation, furent exemptés de tout droit de mutation.

Mais comment expliquer cet affranchissement du partage, qui était en droit romain un acte translatif? Sous la féodalité on s'inquiéta peu d'en découvrir la raison; c'était par les armes, non par la science, qu'on décidait alors les questions. Mais lorsqu'au sortir de la féodalité le droit fut devenu l'étude de prédilection des esprits les plus élevés, on voulut se rendre compte de cette contradiction. C'était dans l'histoire seule qu'on eût pu découvrir l'origine de l'affranchissement du partage. Mais, comme le dit M. Championnière (1), « l'histoire, à cette époque, était dédaignée ou rejetée ; aux causes réelles ou véritables des coutumes, les jurisconsultes substituaient alors les textes du Code et du Digeste ; nos maximes coutumières devaient toutes avoir leur source dans les décisions de Paul ou d'Ulpien. »

Ce fut donc dans le droit romain qu'on chercha et qu'on crut trouver la raison d'une maxime directement contraire aux principes de la législation romaine.

Les Institutes disaient, au titre *De hæredum qualitate et differentia* : « Vivo quoque patre quodammodo domini existimantur ; » et la loi 11 (Tit. 26, C., *De impuberum et aliis substitutionibus*) portait : « Cum et natura pater et filius eadem esse persona intelligantur. » Ces deux textes n'étaient-ils pas le point de départ manifeste de l'affranchissement des successions au point de vue fiscal ?

La justification de l'affranchissement du partage au moyen des textes romains semblait plus difficile. Cependant elle n'effraya pas la science des jurisconsultes du moyen-âge. Ce fut dans la loi 12, *de condict. furtiv.*, assurément fort étrangère à la question, que Guillaume Cumo et, après lui, Barthole et Jason découvrirent la solution du

(1) *Op. cit.*, p. 421.

problème qu'ils se posaient. De la situation particulière attribuée par cette loi à celui contre lequel le partage a été provoqué, ils conclurent que cet acte présente quelque chose de spécial et qu'en conséquence on pouvait, sans violer les règles du droit, le regarder comme ne tombant pas sous l'application des principes généraux régissant les aliénations. Leurs successeurs accueillirent avec faveur cette distinction. Ils la fortifièrent à l'aide de quelques autres lois romaines, notamment à l'aide de la loi 5, *communi divid.*, qui proclame que tout propriétaire a le droit de demander à sortir de l'indivision. Ce fut ainsi que s'établit la doctrine des romanistes d'après laquelle le partage étant un acte nécessaire devait échapper aux droits de mutation.

Ce système formulé d'abord relativement à l'emphytéose fut immédiatement appliqué aux fiefs. Et tel fut le succès de cette théorie de la nécessité de l'aliénation contenue dans le partage, qu'on la voit encore proclamée au 18e siècle par Poquet de Livonnière.

Mais à côté de ce système suivi par les jurisconsultes théoriciens, une autre opinion était née et s'était développée parmi les praticiens. Voyant les aliénations soumises au droit de mutation et les partages affranchis de ce droit, ils n'hésitèrent pas à en conclure que le partage n'est pas une aliénation.

Ainsi tous les jurisconsultes admettaient que le partage était affranchi du droit fiscal. Mais tandis que les romanistes faisaient découler cet affranchissement de ce que l'aliénation entraînée par le partage est nécessaire, les praticiens la fondaient sur ce principe que le partage n'est pas une aliénation. Ils étaient d'accord sur la règle; ils n'étaient en dissidence que sur la cause de cette règle.

Mais ces deux théories ne devaient pas tarder à se heurter. La question de la nature du partage ne pouvait pas rester toujours renfermée dans les limites du droit féodal, elle devait bientôt faire irruption sur le domaine du droit civil. C'est sur ce nouveau terrain que la lutte devait s'engager entre les romanistes et les praticiens. C'était à ces derniers que le triomphe était réservé. Malgré l'autorité de Dumoulin, le principe de l'effet translatif du partage disparut de notre droit. Et ce grand jurisconsulte, après s'être constitué le courageux défenseur de la théorie romaine, ne tarda pas à voir la règle de l'effet déclaratif du partage considérée comme un axiôme par tous les jurisconsultes de son temps.

Ce fut à l'occasion du retrait lignager que s'éleva pour la première fois dans le droit civil la question de savoir quelle était la nature du partage. Si le partage était une aliénation, le retrait devait pouvoir être exercé. Chassanée expose cette question dans son commentaire de la coutume de Bourgogne (1). Il indique les arguments invoqués par les deux opinions. Ceux qui refusaient d'admettre le retrait lignager se fondaient sur le principe commode de la nécessité du partage qui permettait, tout en considérant avec les lois romaines le partage comme une aliénation, de le soustraire à toutes les conséquences que devait entraîner ce caractère. Toutefois, on voit déjà apparaître l'idée que le partage n'a qu'un effet déclaratif. Nous lisons, en effet, dans ce passage de Chassanée : « Item quia per divisionem aliquid obvenit alicui, qui dicitur habere partem suam quam primò in communi possidebat... *et sic divisio non est alienatio*, quod patet etiam quia fendum non potest alienari, sed dividi ss), nisi feudum marchiæ vel ducatus. »

C'était dans une controverse qui surgit à peu près à la même époque que les deux doctrines devaient se formuler d'une façon précise ; les praticiens devaient être contraints de soutenir nettement à cette occasion que le partage, contrairement au droit romain, n'était pas une aliénation. La question ayant été prévue et résolue par les juriscon-

(1) *Des Retraits.* — Rub. 10, § 9, nos 19, 20, 21.

sultes romains eux-mêmes, il leur était impossible de cacher ici, sous le voile de la nécessité du partage, la contradiction flagrante de leur opinion avec la doctrine romaine. On voit à la façon dont Dumoulin nous expose cette controverse que son esprit en fut vivement frappé, et comprit parfaitement toute l'importance d'une pareille lutte : « Au mois de novembre de l'année 1538, écrit-il dans son commentaire du titre des Fiefs (1), j'étais forcé par une de ces fièvres quartes qu'amène l'automne, de laisser de côté des travaux plus sérieux. J'étais donc occupé à surveiller l'impression de cette partie de mon ouvrage, lorsqu'au moment même où je venais de revoir la fin de cette glose, dans une réunion de jurisconsultes distingués à laquelle j'assistais, se présenta la question suivante... » Un fief était indivis entre quatre héritiers ; le premier avait droit à la moitié de ce fief, chacun des autres à un tiers de l'autre moitié, c'est-à-dire au 1|6 du fief. Le seigneur saisit le 1|6 indivis appartenant à l'un de ces derniers. Par suite du partage, le fief fut adjugé au premier héritier ; celui dont la portion indivise avait été saisie obtint un fief dépendant d'un autre seigneur. Or, on se demandait si la saisie opérée par le seigneur avait été résolue par l'effet du

(1) Coutume de Paris, glos. IX, 43.

partage. « Hæc quæstio est magni effectus, ajoute Dumoulin, et ad multa alia protenditur; tamen (quia nullam mihi videtur habere dubitationem) penitùs omisissem, nisi comperissem etiam doctos quosdam et expertos dubitare, imò in affirmativam partem inclinare, resolutam esse ipso jure prehensionem. » Dumoulin expose ensuite l'argumentation de ses adversaires.

Ceux qui soutenaient que la saisie avait été résolue s'appuyaient sur la loi 13, 17, *de act. empti*, que nous avons reproduite dans notre première partie; ils regardaient la saisie opérée par le seigneur comme soumise à la condition résolutoire du partage (*judicium divisionis intentatum post prehensionem facit eam esse in suspenso et pendere a futuro eventu divisionis*). Si, disaient-ils, au lieu d'avoir obtenu par suite du partage un autre fief, cet enfant avait eu une partie du fief en question, la saisie aurait produit son effet non-seulement du jour du partage, mais du jour même où cette saisie a été pratiquée; car la portion divise du fief, qu'il aurait eue après le partage, se serait trouvée subrogée de plein droit à la portion indivise qu'il avait antérieurement. Par conséquent cette portion divise serait tombée aussitôt sous le coup de la saisie, tandis que tout le reste du fief aurait été réputé n'en avoir jamais été frappé (*quod cæteræ partes feudi sunt ipso jure etiam retrò li-*

beræ ab hujus modi prehensione sicut et a venditione).

Ces jurisconsultes étendaient cette décision au cas d'hypothèque (*ut error semel admissus latè serpit*). Un arrêt, prétendaient-ils, a décidé que si, une succession étant échue à deux héritiers, l'un d'eux hypothèque sa part indivise, une fois le partage opéré, l'autre n'aura plus à redouter de se voir poursuivi hypothécairement par les créanciers au profit desquels son cohéritier a consenti hypothèque sur sa part indivise. Ils tiraient d'ailleurs argument de ce qu'on décidait en matière de retrait.

Après avoir exposé le système de ses adversaires, Dumoulin le réfute. Il repousse l'argument tiré de la matière du retrait, en disant que le retrait n'est pas un *jus in re* mais un *jus ad rem* auquel il est logique d'appliquer la loi 13, 17, *de act. empti*. L'hypothèque au contraire, ajoute-t-il, est un *jus in re*, un droit qui s'étend sur la chose indivise et que le débiteur ne peut faire disparaître ni par une aliénation volontaire ni par une aliénation forcée telle que le partage. Il conclut donc qu'il faut appliquer à la saisie féodale et à l'hypothèque non pas la loi 13, 17, *de act. empti*, mais la loi 7, 4, *quib. modis pignus*. Tirant ensuite les conséquences du principe, qu'il a posé, il arrive à l'hypothèse même au sujet de laquelle Trebatius avait donné une décision si énergiquement repoussée par Labéon. Si un communiste, dit-il, a légué l'usufruit de sa part indivise, le légataire, une fois le partage opéré entre l'héritier du testateur et l'autre communiste, aura non pas l'usufruit de la moitié échue à l'héritier, mais l'usufruit de la moitié indivise du fonds, car l'usufruitier avait un droit réel (V. l. 31 *de usu et usufructu*).

Dumoulin soutenait, on vient de le voir, avec la plus ferme logique l'application des principes romains. S'il avait décidé dans une autre partie de ses œuvres que le partage n'était pas soumis aux droits de mutation, c'est qu'il voyait là, avec ses maîtres, une aliénation nécessaire et que d'ailleurs ce redoutable adversaire de la féodalité devait être un peu enclin à admettre tout ce qui serait de nature à porter atteinte aux droits seigneuriaux. Mais lorsque la question se présenta sur le terrain du droit civil, n'ayant plus à subir l'influence de ses passions anti-féodales, il s'efforça de mettre en lumière la doctrine des jurisconsultes romains et lutta contre une jurisprudence qui lui paraissait méconnaître les principes proclamés par eux.

Ces efforts devaient rester sans résultat. « Cette chaleureuse défense, dit M. Championnière, fut le dernier soupir du système romain dans la France coutumière; Bacquet, Coquille, Chopin l'abandonnèrent; des arrêts nombreux suivirent celui qu'avaient indiqué les adversaires de Dumoulin; lui-même, par ses opinions ultérieures, s'écarta de sa doctrine; Mornac, en commentant la loi 7, *quibus modis*, la déclare morte; une dissertation de Louet fut son tombeau, et depuis on n'en a plus parlé. »

CHAPITRE II.

QUELLE ÉTAIT, DANS L'ANCIEN DROIT FRANÇAIS, LA PORTÉE DE LA RÈGLE DE L'EFFET DÉCLARATIF DU PARTAGE ?

Nous venons de voir dans notre précédent chapitre comment la règle que nous étudions s'introduisit dans nos lois. Il nous faut maintenant chercher à déterminer le sens et la portée de cette règle dans notre ancienne législation. — Question de la plus haute importance, car, indépendamment de l'intérêt qu'elle offre au point de vue historique, elle doit, nous essaierons du moins de le démontrer, exercer la plus grande influence sur l'interprétation du Code Napoléon.

SECTION Ire. — DES PAYS DE DROIT ÉCRIT (1).

Le partage était considéré dans toute la France

(1) V. M. Tillard (*op. cit.*), p. 186.

comme affranchi des droits seigneuriaux. Mais nous allons voir qu'au point de vue du droit civil, cette opération continua dans les provinces du droit écrit d'être sur certains points réputée contenir une aliénation. Les faits que nous avons exposés dans notre chapitre Ier nous rendront facilement compte de la dissidence existant à cet égard entre le principe du droit féodal et celui du droit civil.

Nous avons vu que les romanistes eux-mêmes admettaient l'affranchissement fiscal du partage, en se fondant sur la nécessité de cet acte. Ce système ne devait naturellement rencontrer aucune opposition dans les pays de droit écrit, puisqu'il était présenté comme une application de la doctrine même du droit romain. Au contraire, la décision donnée par les praticiens des pays coutumiers au sujet des hypothèques et des autres droits réels, consentis pendant l'indivision, reposait sur le caractère déclaratif qu'ils attribuaient au partage. Elle dut donc être repoussée par des provinces dont la législation avait pour base le droit romain. Aussi, lisons-nous dans Bretonnier (1) : « A l'égard des parlements du droit écrit, je n'ai point vu d'auteur qui ait traité cette question ; mais j'ai de la peine à croire que la

(1) *Œuvres d'Henrys*, liv. 6, ch. 5, quest. 37. III, p. 819.

même jurisprudence y soit observée, parce que, suivant la disposition du droit romain, il est dit expressément que le partage fait entre cohéritiers ne change point l'hypothèque des créanciers. M. Cujas dit : « Divisio non mutat causam pignoris sicut nec alienatio ulla. » Ainsi, quoique Mornac dise que la loi *Si cons.* est abrogée en France, cela doit s'entendre de la France coutumière et des pays du droit écrit ressortissants du parlement de Paris ; car, suivant le sentiment de notre auteur en cet endroit, la même jurisprudence est observée dans sa province, et les autres régies par le droit écrit, qui se trouvent dans le ressort du parlement de Paris. — Depuis j'ai lu dans les décisions de M. A. Lapeyrère, avocat au parlement de Bordeaux, lett. H., n° 38, ces paroles : Après le partage entre cohéritiers, le créancier doit prendre son hypothèque seulement sur le lot échu sans fraude à son débiteur ; mais il ne cite aucun arrêt de son parlement ni aucun auteur de sa province pour autoriser son avis : tous les auteurs qu'il cite sont du parlement de Paris. »

Lapeyrère indique une autre question dans laquelle les deux systèmes se trouvaient en présence. Il suppose qu'un *de cujus* a laissé des propres ; les héritiers procèdent au partage ; l'un d'eux prend tous les biens, les autres n'ont qu'une somme d'argent. Or, voici ce qu'il ajoute (1) : « Ces portions ainsi réunies sont-elles propres dans la succession du cohéritier ? Nous fûmes longtemps partagés sur cette question : les uns étaient d'avis que c'était un acquêt dans la succession de ce cohéritier ; les autres que c'était un propre, attendu que le cohéritier *avait sa part indivise répandue sur le tout, et que c'était pour cela qu'en ce cas il n'était pas dû lods et ventes*, à quoi ceux du premier avis répliquaient que, quoique sa portion fût indivise, cependant il n'avait qu'une portion ; il acquérait les autres *ut extraneus ;* que la faveur du cohéritier le dispensait dans ce cas du paiement des lods et ventes, mais ne décidait rien pour la qualité du propre. Après avoir bien réfléchi, nous déterminâmes, suivant l'avis de Béchet, que si le paiement est fait des deniers de l'hérédité, c'est un propre ; hors de ce cas, qu'il fallait suivre l'avis de d'Argentré. Cette distinction passa à la majeure. »

Les textes que nous venons de citer nous montrent que le principe de l'effet translatif ne resta pas complétement intact même dans les pays de droit écrit. Il est à présumer que, dans les hypothèses prévues par les lois romaines, le partage continua d'être assimilé aux aliénations ; mais que dans les cas sur lesquels les jurisconsultes romains

(1) Lett. A, alin. 5 et suiv.

avaient gardé le silence, la règle de l'effet translatif fut sur plus d'un point battue en brèche par le principe coutumier.

Quoi qu'il en soit, nous laisserons désormais de côté les pays de droit écrit ; nous ne nous occuperons plus que de la législation coutumière, la plus intéressante pour nous, puisque c'est celle que notre Code a reproduite.

SECTION II. — DES PAYS COUTUMIERS.

§ 1er. — *Des diverses théories présentées par les anciens auteurs sur l'effet déclaratif du partage.*

Avant d'exposer les différentes applications que notre ancien droit avait faites du principe de l'effet déclaratif du partage, il ne sera pas sans intérêt de rechercher comment les jurisconsultes avaient essayé de justifier le caractère qu'ils attribuaient au partage.

Jusqu'au XVIe siècle on ne découvre dans les auteurs que les deux systèmes que nous avons signalés : l'un se fondant sur la nécessité du partage, l'autre proclamant que le partage ne contient pas d'aliénation. Une fois que la question eût été nettement portée sur le terrain du droit civil, la première doctrine ne pouvait plus guère être invoquée. Comment, en effet, la nécessité du partage pouvait-elle justifier la rescision des droits consentis par les copropriétaires pendant l'indivision? La théorie des romanistes fut donc dès lors presque universellement abandonnée (1); les jurisconsultes proclamèrent que le partage n'engendre pas d'aliénation. Mais comment expliquer scientifiquement un principe en désaccord si complet avec les décisions du droit romain? Un grand nombre de systèmes se produisirent sur ce point; nous allons essayer d'exposer les principaux (2).

I. C'est au moyen de la nécessité de l'aliénation, que Dumoulin justifiait les règles spéciales admises en matière de partage. Cependant nous voyons apparaître dans un passage de ses œuvres une théorie qu'il indique sans la développer : « Divisio vel assignatio, dit-il, (3), postea inter eos secuta non videtur esse mutatio nec translatio, sed consolidatio in unum ex iis, quæ inter eos quibus est res communis permittitur. » Cette idée

(1) Du moins en ce qui concerne le droit civil; car on la voit encore invoquée au XVIIIe siècle au point de vue fiscal par Poquet de Livonnière. On conçoit en effet, à la rigueur, que la nécessité du partage soit mise en avant pour soutenir que le fisc ne doit pas se montrer aussi rigoureux pour cet acte que pour les aliénations ordinaires, tandis qu'en droit civil ce motif serait dénué de toute valeur.

(2) V. M. Tillard, *op. cit.*, p. 263.

(3) Tit. des fiefs, § 33, glos. I, n° 70.

de *consolidation*, vaguement énoncée par Dumoulin, fut reprise par l'avocat-général Talon et par Lebrun ; et c'est celle que paraît avoir adoptée Henrion de Pansoy, lorsqu'il dit : « La cause de l'exemption des droits dans les partages, c'est que ce qu'on acquiert par les partages, c'est non pas la chose, mais la facilité d'en disposer à son gré, l'extinction des droits de ses copropriétaires. »

II. Une seconde théorie, qui présente la plus grande analogie avec la précédente, fut soutenue par le feudiste Hervé, qui l'énonce ainsi : « Si le défunt a laissé quatre héritiers du même degré et aux mêmes biens, chacun d'eux est saisi dans sa succession de l'universalité de ces biens. S'ils usent tous de leurs droits, le concours mutuel les réduit chacun à un quart. Si, au contraire, trois d'entre eux renoncent, un seul aura la totalité, mais il n'acquerra rien de nouveau ; il conservera seulement ce qu'il avait. Son droit à la succession n'est pas réduit par le droit de ses cohéritiers à la même succession. Saisi par la loi de l'universalité, il la conserve en vertu de la même saisie, dont l'étendue n'est pas resserrée, et la renonciation des autres habiles à succéder n'ajoute rien à son titre ni à la cause de sa possession.

« Si les quatre héritiers acceptent la succession, s'ils la partagent, si la maison entière tombe

(3) Traité des fiefs. *Du Relief*, note 19.

dans le lot de l'un d'eux, il a cette totalité de maison au même titre, sans aucune augmentation de son droit, et sans aucun changement dans la cause de la propriété. Seulement les autres renoncent au droit qu'ils ont de prendre une portion dans cette maison, et de faire décroître par là la portion du cohéritier à qui elle est échue en entier (1). »

Ainsi, d'après Hervé, le partage n'est pas translatif, parce que cet acte consiste non pas dans une acquisition de la part indivise des autres copartageants, mais dans une renonciation consentie par ces copartageants.

Il semble, en effet, au premier abord, qu'il y ait analogie entre l'effet du partage et celui de la renonciation à une succession. Mais ce rapprochement entre ces deux hypothèses n'est que spécieux. Quand un héritier refuse d'accepter une succession à laquelle il est appelé, *il refuse d'acquérir un droit;* mais une fois qu'un héritier a accepté, s'il renonce à ses droits sur tel objet compris dans l'hérédité, il y a là *une renonciation à un droit acquis*, une cession de ce droit. Comment comprendre d'ailleurs que cette renonciation puisse nuire à ceux auxquels il a consenti des droits?

Cette théorie, toute séduisante qu'elle paraisse,

(1) *Théorie des matières féodales*, t. 3, p. 41.

est donc impuissante à justifier la nature purement déclarative de partage.

III. Dans un passage de son Traité des Successions, Lebrun essaie de rattacher l'effet déclaratif du partage à la maxime : *Le mort saisit le vif*. Voici comment il s'exprime sur ce point (1) : « Cette maxime dépend d'une autre, qui est fondamentale dans la matière des successions, que *le mort saisit le vif*, son plus prochain héritier habile à lui succéder ; car comme cette maxime s'entend de tout ce qui arrive à chaque héritier, dont il est censé saisi, il faut nécessairement donner au partage un effet rétroactif et tenir l'héritier partagé, du moment du décès, de tout ce qu'il a dans l'événement du partage ; or cela étant ainsi, toutes les hypothèques des créanciers particuliers de l'héritier se réduisent nécessairement sur son lot de partage, et elles ne gâtent point ceux de ses cohéritiers. » Sans doute la maxime *le mort saisit le vif* fut comme celle dont nous nous occupons, le résultat d'une réaction qui s'opéra contre la féodalité. Mais l'origine de l'effet déclaratif du partage montre qu'elle ne fut pas, comme semble le dire Lebrun, une simple application de la maxime *le mort saisit le vif*. Autrement il serait difficile d'expliquer comment les partages de communauté et de so-

(1) *Successions*, IV, 1, n° 21.

ciété furent réputés, ainsi que nous le verrons, simplement déclaratifs.

IV. Louet et Domat professaient un système, qui est encore aujourd'hui considéré par certains jurisconsultes comme la justification la plus rationnelle de la règle dont nous nous occupons. Louet expose ainsi cette théorie (1): « *Qui rem pro indiviso possidet non est dominus incommutabilis ;.... rei certæ aut corporis certi non est nisi cum onere divisionis :* c'est pourquoi il ne peut vendre, aliéner et hypothéquer qu'avec la condition du partage et division ; condition qui est assez déclarée au créancier *ex eo*, qu'il stipule son hypothèque sur une chose possédée par indivis. Or, en ces termes de droit, comment se peut-il faire que celui qui n'est *dominus* qu'avec cette condition de partage et division, puisse hypothéquer ou aliéner sa part de l'héritage commun, tout ainsi que s'il le possédait purement et simplement, et eût sa part à divis, et s'il en était le seigneur absolu, et ce faisant qu'il transfère au créancier plus de droits que lui-même n'en peut prétendre? »

V. Enfin d'après Brodeau, Henrys et Pothier, le partage est un acte *déterminatif*. Chaque cohéritier a sur les biens un droit *indéterminé ;* et c'est le partage qui vient déterminer ce droit :

(1) Louet, *Rec. d'arrêts*, H. XI, n° 2.

« Le partage, dit Pothier (1), n'est donc pas considéré comme un titre d'acquisition par lequel chaque cohéritier acquiert de ses cohéritiers les portions indivises qu'ils avaient avant le partage dans les effets qui lui sont assignés pour son lot, mais c'est seulement un acte déterminatif des choses auxquelles chacun des cohéritiers, qui n'était qu'héritier en partie, n'ayant pu succéder à toutes, mais seulement à celles que lui assignerait un jour le partage que la nature de l'indivis de la succession exigeait. »

Tels sont les principaux systèmes mis en avant par nos anciens jurisconsultes pour justifier une règle dont ils n'avaient pas su saisir l'origine historique. Quelle que fût la méthode adoptée par chacun d'eux pour défendre le principe de l'effet déclaratif, tous l'admettaient; et l'on peut dire avec M. Tillard (2) : « Unité de formule, multiplicité de théories, telle apparaît la fiction française de l'effet déclaratif du partage. »

Après avoir ainsi exposé les diverses théories sur lesquelles on faisait reposer cette maxime dans notre ancien droit, il nous reste à montrer dans quelles limites on l'appliquait.

(1) *Successions*, chap. 4, art. 5, § 1er.
(2) *Op. cit.*, p. 200.

§ 2. — *De l'application de l'effet déclaratif du partage.*

I. *Partage pur et simple.* — Nous avons exposé comment, à l'occasion du retrait, les jurisconsultes se virent contraints de préciser la nature du partage ; nous avons vu Chassanée reproduire les deux systèmes entre lesquels la lutte s'engageait et mettre en avant cette doctrine nouvelle que le partage n'est pas une aliénation.

La même question s'éleva relativement à la lésion. Fallait-il, pour qu'un partage pût être rescindé, la lésion d'outre moitié, comme dans la vente ? Une grave controverse surgit sur ce point. Accurse avait soutenu que le partage contenant en réalité une vente, c'était la lésion d'outre moitie qui devait être exigée. Le président Favre défendit avec énergie l'opinion d'Accurse et démontra qu'il était impossible, en présence des textes du droit romain, de prétendre que cette législation eût admis un autre système. Mais tout en se portant ainsi le champion de la doctrine romaine, Favre constate avec regret que la jurisprudence française l'a abandonnée et qu'elle se contente, en matière de partage, de la lésion du tiers au quart (1) : « Quam sententiam, dit-il, in Galliæ

(1) Il suffisait même en Normandie de la lésion du quart au quint (Tillard, *op. cit.*, p. 180).

tribunalibus receptissimam esse refert Imbertus in enchiridio, contendens, quod magis est, non esse eam a jure scripto alienam (1). »

La doctrine et la jurisprudence française avaient en effet mis complétement de côté les anciens principes ; et désormais la lésion d'outre moitié ne fut plus exigée par aucun jurisconsulte. Nous rencontrons à cette occasion la divergence que nous avons précédemment signalée entre les auteurs. Dumoulin, entraîné sans doute bien plus par l'équité que par les textes, admet la nouvelle doctrine ; et il justifie la différence existant en cette matière entre la vente et le partage en la fondant sur la nécessité de l'aliénation, qui résulte de ce dernier acte (2). Henrys au contraire, qui écrivait un siècle après Dumoulin, s'appuie sur ce que le partage « est plutôt une distinction des portions qui étaient confuses qu'une aliénation nouvelle (3). » C'est la doctrine que nous avons vue plus haut reproduite par Pothier.

Nous avons déjà exposé la controverse qui s'éleva entre Dumoulin et les jurisconsultes de son temps au sujet de l'hypothèque consentie pendant l'indivision par un des cohéritiers. Il résulte des

(1) Décade *De error. pragmat.* VIII *Error*, 1.
(2) *De usuris*, quest. 14, n° 182.
(3) Liv. 4, quest. 173, n° 5.

arrêts rapportés par Louet (1) qu'à partir du XVIe siècle, la doctrine de Dumoulin fut constamment repoussée par la jurisprudence. Les auteurs ne furent pas moins unanimes ; Pothier (2) résume ainsi la doctrine de notre ancien droit sur cette question : « Chaque héritier n'acquiert donc rien par le partage de ses cohéritiers ; il tient tout du défunt immédiatement. De là il suit... que les hypothèques des créanciers de chacun des cohéritiers se restreignent aux seules choses qui échoient dans le lot de leur débiteur et qui sont susceptibles d'hypothèques, et qu'elles s'évanouissent et s'éteignent entièrement lorsqu'il n'est échu au lot de leur débiteur que des choses mobilières et non susceptibles d'hypothèques, et qu'en conséquence chacun des cohéritiers n'est aucunement tenu des hypothèques des créanciers de ses cohéritiers. »

Cette solution étant admise pour l'hypothèque, il était naturel de l'étendre à tous les autres droits consentis par les héritiers pendant l'indivision. Aussi voyons-nous Domat appliquer les mêmes principes à l'usufruit et regarder comme devant être rejetée la doctrine de la loi 31, 1, *de usu et usufructu legato*.

Mais c'était surtout en ce qui concerne l'hypo-

(1) Lett. H, somm. 11.
(2) *Successions*, chap. 4, art. 5, § 1.

thèque que la nouvelle théorie était précieuse. Conforme ou non à la réalité, elle était, comme le dit Pothier, «beaucoup plus commode que le droit romain. » Louet fait ressortir avec vigueur les avantages pratiques de la doctrine française. « Que si, dit-il (1), ce que désire le créancier avait lieu, les cohéritiers seuls demeureraient misérables, pensant avoir un lot pour en jouir : ils prendraient les dettes d'autrui à acquitter au lieu de jouir de leur part héréditaire, ils seraient tourmentés par des créanciers étrangers.... ; bref, un cohéritier saffranier infecterait toute la succession de ses dettes, et néanmoins les cohéritiers ne pourraient pas pourvoir à cet inconvénient qui est *ex natura rei*. » Les inconvénients signalés par Louet eussent été en effet encore plus nombreux qu'ils ne pourraient l'être sous l'empire du Code Napoléon, puisque dans notre ancien droit les actes notariés emportaient tacitement hypothèque. Aussi Pothier dit-il : « on n'aurait pu faire aucun partage sûrement, si on ne se fût écarté du droit romain. »

Une question très grave divisait au XVIIIe siècle les jurisconsultes et est encore aujourd'hui résolue en sens divers par les meilleurs esprits. L'hypothèse était celle-ci : Une personne qui se trouve dans l'indivision avec des tiers se marie ;

(1) Lettre H, X, 1.

les biens indivis se composaient par exemple pour les trois quarts d'immeubles et pour un quart de meubles. Après le mariage, le partage est opéré ; le conjoint n'a dans son lot que des meubles. Si on applique à cette hypothèse l'effet déclaratif, il faudra dire que le conjoint étant censé avoir succédé uniquement à ces meubles, ils doivent tomber dans la communauté sans récompense. Tel était en effet l'avis de la majorité des auteurs, notamment de Pothier (1) et de Bourjon (2). Lebrun, après avoir soutenu d'abord cette même opinion, finit par décider que les meubles ne tombaient dans la communauté que sauf récompense parce que, dit-il, l'effet rétroactif du partage est « un hors-d'œuvre en fait de récompense de communauté (3). »

II. *Licitation* (4). — La licitation présentait au seigneur cet avantage que le bien licité n'était pas démembré. A l'époque où la féodalité était une institution essentiellement militaire, cet acte devait donc être vu favorablement par les seigneurs. Mais lorsque les idées sur lesquelles reposait l'institution primitive de la féodalité se furent en partie évanouies, lorsque les seigneurs com-

(1) Communauté, no 100.
(2) *Droit commun*, I, p. 622.
(3) *De la communauté*, liv. I, chap. V, sect. 2, nos 78 à 81.
(4) V. Merlin, *Répert.*, vo Licitation, § 4.

mencèrent à voir dans leurs droits moins une cause de force et de puissance qu'une source d'avantages pécuniaires, ils durent analyser avec plus de soin l'acte de licitation et chercher à faire tourner cette analyse à leur profit : « La bonté et la simplicité de nos prédécesseurs, dit d'Argentré (1), ne s'en était beaucoup éveillée, souffrant en bonne paix que chacun se dépêchât en cela par grâce et concorde à titre de partage..... jusqu'à ce que aucuns par aventure plus avisés que prudhommes, ont voulu profiter parmi les affaires de leurs voisins et ont commencé à tirer cela à titre et autre conséquence de vente. »

L'héritier adjudicataire dans une licitation recevant une chose et payant un prix, les seigneurs durent tout naturellement être entraînés à voir une vente dans cette opération ; ils exigèrent en conséquence les droits de lods et ventes sur la totalité du prix d'adjudication. Telle était la règle en vigueur à l'époque de Dumoulin, bien qu'à cette même époque le partage pur et simple fût regardé par tous comme exempté des droits de mutation. Dumoulin toujours plein de vigueur et d'adresse lorsqu'il s'agissait de battre en brèche la puissance féodale, donna le signal de la révolte. Ici d'ailleurs les arguments invoqués contre lui étaient tellement subtiles qu'il lui fut facile de les

(1) Partage des nobles, quest. 40.

réfuter. Voici en quels termes il rend compte de la lutte ardente qu'il eut à soutenir à cette occasion et dans laquelle il eut le bonheur, après s'être vu imposer brutalement le silence, de jouir du spectacle de la confusion de ses adversaires.

« Je venais, dit-il (1), de terminer ce chapitre et je montrais à mon fils aîné mes vieux registres, lorsque je trouvai parmi mes notes un arrêt de notre cour suprême rendu conformément à mon opinion ; je le fis transcrire et ajouter ici par mon fils. » Voici quelle était l'espèce : Une maison située à Paris était indivise entre trois cohéritiers parmi lesquels se trouvait Agnès Buquet, qui fit sa déclaration au receveur royal et reçut l'investiture pour un tiers. L'action en partage ayant été intentée, les architectes chargés de l'expertise déclarèrent que la maison n'était pas commodément partageable. Il y eut en conséquence une licitation à laquelle les étrangers furent admis. Agnès fut déclarée adjudicataire. Elle alla payer les droits pour les parts que ses cohéritiers avaient avant la licitation, c'est-à-dire sur les deux tiers seulement du prix d'adjudication. Elle ne demanda pas l'investiture pour l'autre tiers puisque nous avons dit qu'elle l'avait déjà reçue. Mais le receveur royal, faisant obser-

(1) Coutume de Paris, tit. 2, des Censives, § 78, glos. 1, n 170.

ver que la maison entière avait été mise en vente et adjugée et que cependant les droits n'avaient été payés par Agnès que sur les deux tiers du prix, la cita devant le conseil des finances pour s'entendre condamner à payer encore les droits pour un tiers. Dans l'intérêt du fisc on invoquait six arguments principaux que nous résumerons rapidement. On se fondait :

1° Sur ce que l'adjudication était une véritable vente de toute la maison, puisque la totalité de cette maison était transmise à l'adjudicataire à la charge de payer la totalité du prix ;

2° Sur ce que le décret d'adjudication portait bien en effet que la totalité de la maison était adjugée à Agnès, et cela sans qu'il y eût eu aucune protestation de la part de la défenderesse; — que peu importe l'emploi qu'on a fait postérieurement des écus, car c'est au moment même de la vente et sur le prix de cette vente que naît l'obligation de payer le droit de mutation ;

3° Sur ce que la coutume ne fait aucune distinction et porte simplement que les droits sont dus sur la chose vendue ;

4° Sur ce qu'on oppose en vain qu'on ne peut pas se vendre à soi-même sa propre chose ; car cela n'est pas vrai lorsqu'on n'a qu'un droit révocable ; or Agnès n'avait qu'un droit révocable, puisqu'elle en eût été dépouillée, qu'elle le voulût ou non, si un tiers avait été déclaré adjudicataire ;

5° Sur ce que, si les cohéritiers avaient été non propriétaires mais simplement possesseurs de la chose, Agnès aurait pu usurper la totalité de la maison en vertu du titre résultant pour elle de l'adjudication ;

6° Sur ce que, des étrangers s'étant portés enchérisseurs avant elle, Agnès leur a été en quelque sorte subrogée et se trouve, pour ainsi dire, en vertu de l'adjudication dans la même position qu'un étranger adjudicataire.

« Comme cette affaire était très grave, dit Dumoulin, et qu'on voulait que la décision, qui serait rendue servît désormais de règle pour les cas analogues, je fus appelé dans le conseil avec les plus anciens de notre ordre pour donner mon avis. Tous se prononcèrent en faveur du système invoqué par le fisc ; seul je soutins les droits de la défenderesse et je persistai dans mon avis, pénétré que j'étais de la légalité et de l'équité de ses prétentions (et in sententia mea veritate et æquitate conscientiæ fretus perstiti). Je voulus développer mes arguments et renverser en quelques mots le système de mes adversaires. Mais, dans la crainte sans doute de voir échapper pour le fisc une occasion de percevoir un droit, ils ne voulurent pas même m'entendre, alléguant qu'on avait non pas à discuter mais à juger.

« Mais en avril 1538, un arrêt solennel réforma le jugement précédent, donna gain de cause à Agnès et confirma ainsi l'opinion que j'avais soutenue. »

Dumoulin expose alors les motifs qui lui semblent péremptoires dans cette question. Les droits ne sont dus, dit-il, que sur la chose achetée; or, Agnès n'a acheté que les parts de ses cohéritiers, quant à sa part, elle n'a fait que la conserver; la totalité a, il est vrai, été mise en vente; mais les deux tiers seulement de la maison ont été achetés. Des étrangers se sont portés enchérisseurs; mais ils n'ont rien acquis, puisqu'ils ont été repoussés par l'offre supérieure d'Agnès; celle-ci n'a donc pu être subrogée à des droits qu'ils n'avaient pas eux-mêmes, etc. En résumé, Agnès n'a donc pas pu acheter sa propre chose; elle a simplement acheté les parts de ses cohéritiers.

Cet arrêt de 1538 est de la plus haute importance dans l'histoire de la licitation. C'est le premier pas fait par la jurisprudence dans une voie dans laquelle elle s'avancera désormais avec plus de hardiesse; car peu de temps après il fut jugé que le cohéritier adjudicataire ne devait les lods et ventes ni pour sa part *ni pour celle de ses cohéritiers*. Et en 1580, la coutume de Paris ayant été réformée, le nouvel article 80 fut ainsi conçu : « Si l'héritage ne se peut partir entre cohéritiers et se licite par justice, sans fraude, ne sont dues aucunes ventes pour l'adjudication faite à l'un d'eux ; mais s'il est adjugé à un étranger, l'acquéreur en doit vente. »

Ainsi désormais, sous le rapport des droits fiscaux, la licitation se trouvait entièrement assimilée au partage ; il y avait dans l'un et l'autre cas exemption complète des droits de mutation. Mais quelles conditions étaient exigées pour qu'il y eût lieu d'appliquer l'article 80? Ce fut là une question féconde en difficultés, car presque chaque mot de cet article donna lieu à une controverse.

Et d'abord que fallait-il entendre par ces mots « ne se peut partir »? Le droit romain exigeait seulement, pour qu'il y eût licitation, que le partage ne pût être opéré commodément (cùm commodè aliquis ager dividi non potest). Or l'art. 80 disant uniquement « ne se peut partir », les seigneurs prétendirent qu'il ne devait y avoir licitation et par suite exemption de droits qu'autant que le partage serait impossible matériellement. Une longue lutte s'engagea entre les seigneurs et les vassaux ; c'était à ceux-ci que le triomphe était réservé ; la jurisprudence finit par admettre qu'il suffisait que le partage fût difficile et que cette difficulté devait être présumée (1) : « Pour moi, dit Guyot (2), je tiens que la licitation d'une chose commune est toujours permise et favorable, sans qu'il soit loisible à un seigneur de sonder le pourquoi on a été plutôt à la licitation qu'au partage. »

L'art. 80 disant : « ... Et se licite par justice sans fraude, » les commentateurs conclurent d'abord de ce texte que la licitation n'était affranchie du droit de mutation qu'autant qu'elle avait lieu en justice, mais ils finirent par abandonner complétement cette interprétation et par décider que la licitation était exceptée lors même qu'elle s'opérait par devant notaire. Aussi, Guyot dit-il que la jurisprudence n'exige plus de licitation en justice que lorsqu'il s'agit de mineurs.

Nous avons supposé jusqu'ici que c'était un des cohéritiers qui se portait adjudicataire. Si, au contraire, c'était un étranger, les droits étaient dus. Mais que devait-on décider dans l'hypothèse où un étranger, après avoir acheté les droits d'un des héritiers, se rendait adjudicataire? L'ancienne jurisprudence admettait que dans ce cas les droits pouvaient être exigés. Le motif sur lequel elle fondait cette décision était que, sans cela, la fraude serait trop facile. En effet, un tiers voulant se rendre acquéreur d'un immeuble indivis aurait

(1) Pothier, sur l'art. 16 de la Cout. d'Orléans.
(2) *Traité des fiefs*; observ. sur les licitations

pu acheter la part d'un des cohéritiers, et ensuite se porter adjudicataire dans la licitation. De cette façon, il n'aurait payé les droits que pour la part qu'il avait acquise dans la licitation ; et cependant il se serait rendu acquéreur de la totalité de l'immeuble. On admettait donc dans l'ancien droit que cet acquéreur devait l'impôt pour les parts acquises par licitation (il ne les devait pas pour la part qu'il avait achetée puisqu'il avait dû payer les droits lors de la vente).

Duplessis dit même (1) qu'on jugeait, dans la coutume de Paris, que, dans l'hypothèse précédente, les droits de lods et ventes étaient dus même si c'était un cohéritier qui se portait adjudicataire ; et il cite à l'appui de cette opinion un arrêt du 31 janvier 1637, et un autre du 21 janvier 1630. Mais les annotateurs de Duplessis repoussent ce système qui eût fourni à un héritier un moyen facile de priver tous ses cohéritiers de l'affranchissement fiscal du partage, puisqu'il lui eût suffi, pour atteindre ce but, de vendre sa part à un tiers. Ils citent en faveur de cette opinion beaucoup d'auteurs, et ajoutent que « cette opinion passe aujourd'hui pour commune au Palais. » Tel est aussi le sentiment de l'annotateur de Boutaric.

Quoi qu'il en soit, constatons dès à présent que

(1) V. Merlin, v° Licitation, § IV, n° XI.

le motif de la règle de notre ancien droit, relative à l'acquéreur de droits indivis, était puisée dans des considérations purement fiscales.

Telles étaient les principales difficultés qu'avait soulevées cet article 80. Il est facile de se convaincre par ce résumé que sur presque tous les points les prétentions exorbitantes des seigneurs avaient été repoussées, et que la jurisprudence n'avait pas craint d'aller quelquefois contre les termes trop étroits de l'article, pour s'attacher à cette doctrine favorable au partage dont Dumoulin avait été le hardi précurseur.

On peut considérer la coutume de Paris comme constituant en cette matière le droit général des pays coutumiers. Certaines coutumes contenaient la même disposition (1). Quant à celles qui n'avaient pas d'article analogue, Ferrière (2) dit : « La décision de l'art. 80 a été trouvée si juste qu'elle a été étendue aux autres coutumes, qui n'en parlent point, par deux arrêts rendus dans les coutumes d'Amiens et de Chartres. »

Il pouvait y avoir plus de difficulté relativement aux coutumes (3) qui, tout en gardant le

(1) V. notamment l'art. 16 de celle d'Orléans, dont les termes sont exactement analogues.

(2) *Compil.* I, p. 1229, n 10.

(3) Celles de Blois, Tours, Montargis, Auxerre, Troyes, Nevers, etc.

silence sur la licitation, exigeaient le droit de quint au cas de soulte payée *ex propria pecunia*. Il semblait, en effet, qu'on dût dire : La licitation est analogue au partage avec soulte; par conséquent le droit de quint sera également exigé au cas de licitation. Cependant les meilleurs commentateurs de ces coutumes, Pontanus, Coquille, Legrand, etc., décidaient que le droit de quint n'était pas dû. Ils se fondaient sur ce que le paiement de la soulte est dans la licitation d'une nécessité plus absolue que dans un partage ordinaire, sur ce que d'ailleurs le paiement des droits de mutation pour les soultes étant contraire au droit commun, cette disposition devait être interprétée restrictivement et ne devait pas, par conséquent, être étendue d'un cas à l'autre.

Tel était l'ensemble des règles fiscales en matière de licitation. Nous devons maintenant nous demander comment ces principes restreints d'abord à la matière des droits féodaux, furent ensuite appliqués aux questions de droit civil.

Nous avons vu au XVIe siècle, Dumoulin faire proclamer l'affranchissement fiscal de la licitation. Ce n'est qu'au XVIIe siècle que la doctrine de l'effet déclaratif de la licitation fut appliquée pour la première fois dans des matières de droit civil. Ce fut à l'occasion du retrait lignager que la question s'agita d'abord. En 1650, il fut décidé, sur les conclusions de l'avocat-général Talon, qu'il n'y avait pas lieu au retrait lignager dans l'hypothèse d'une licitation (1).

Au commencement du XVIIIe siècle, le fisc royal vint prendre place à côté du fisc seigneurial; l'impôt du centième denier fut établi. Or l'édit déclara « les licitations » soumises à l'impôt. Mais Bosquet (2) nous apprend que, malgré les termes généraux de l'édit, on déduisait la portion appartenant déjà au copropriétaire adjudicataire « parce qu'il ne se fait mutation à son égard que du surplus. »

Ces nouveaux principes entravèrent pendant quelque temps l'application de la théorie de l'effet déclaratif dans le droit privé. Mais, malgré ces obstacles, elle n'en triompha pas moins. Nous voyons, en effet, Pothier (3) assimiler complètement sous ce rapport la licitation au partage pur et simple : « Il suit de ces principes, dit-il, que la licitation entre cohéritiers ou autres copropriétaires n'est pas dans notre droit un contrat de vente, que les parties licitantes fassent de leur part dans l'héritage licité à celui d'entre eux qui s'en rend adjudicataire, puisque, suivant les susdits principes, l'adjudicataire n'acquiert propre-

(1) V. Brodeau sur l'art. 151.

(2) *Diction. des domaines*, v° Licitation.

(3) Vente, n° 640.

ment rien de ses cohéritiers ou copropriétaires. »

III. — *Partage avec soulte.* — Il était régi par les mêmes principes que la licitation avec laquelle il offre une évidente analogie. Toutefois nous avons vu qu'un certain nombre de coutumes, comme celles de Nevers, Auxerre, Montargis, etc. assujettissaient au droit de mutation la soulte payée *ex propria pecunia*. Or nous savons que cette règle n'avait pas été étendue à la licitation.

L'impôt du centième denier frappa le partage avec soulte; mais le droit n'était perçu que sur la part considérée comme acquise.

Pothier constate de la façon la plus précise l'application de l'effet déclaratif aux partages avec soulte : « Cela a lieu, nous dit-il (1), quoique le partage ait été fait avec retour en deniers ou en rente. Celui à qui est tombé le lot le plus fort, est censé avoir été héritier, ou légataire, ou acheteur du total de ce qui y est contenu, à la charge du retour ; et celui à qui est tombé le plus faible lot, est censé n'avoir été héritier, ou légataire, ou acheteur que des choses qui y sont tombées, au moyen du retour que lui font ses copartageants. Il est évident, suivant ces principes, que le partage est un acte qui n'a aucun rapport avec le contrat d'échange; ni encore moins avec le contrat de

(1) Vente, no 630.

vente, soit qu'il soit fait sans retour, soit avec retour en deniers; car, suivant ces principes, le partage n'est point un titre d'acquisition. »

L'effet déclaratif devait-il être appliqué pour décider si la soulte tomberait ou non définitivement dans la communauté du conjoint créancier de cette soulte. Il semble, d'après la façon absolue dont nous venons de voir Pothier s'exprimer que la logique eût dû le contraindre à appliquer sa doctrine dans cette hypothèse, d'autant plus qu'il en faisait l'application, ainsi que nous l'avons dit précédemment, au cas de partage pur et simple. Et cependant il décidait que la soulte ne tombait dans la communauté que sauf récompense. Lebrun, qui professait cette doctrine même pour le cas de partage pur et simple, est bien entendu du même avis. Mais Bourjon critique vivement le système consacré par Pothier et déclare nettement qu'aucune récompense n'est due par la communauté.

IV. — *Actes équipollents à partage.* — Il se peut qu'au lieu de recourir à l'un des trois actes que nous venons d'étudier, on fasse cesser l'indivision au moyen d'une opération qu'on qualifie de vente, d'échange etc. Quels principes notre ancien droit appliquait-il dans cette hypothèse? Dumoulin, malgré ses tendances fort peu féodales, se prononce énergiquement contre l'affranchissement de pareils actes : « Si (1), dit-il, ayant une part dans une chose indivise, on procède non pas au moyen d'un partage, mais au moyen d'une donation, il n'y a partage *nec respectu materiæ, nec respectu formæ, nec respectu intentionis*; il y a un autre contrat dont il faut considérer la nature pour décider quel droit est dû dans l'espèce.... »

Ce fut d'Argentré qui porta le premier coup à cette doctrine (2). Il s'efforça de faire consacrer une théorie directement contraire ; il soutint qu'il ne fallait pas s'attacher à la forme de l'acte auquel les parties avaient eu recours mais uniquement au but qu'elles s'étaient proposé. C'était cette opinion qui devait triompher. Nous voyons en effet tous les jurisconsultes du XVIIIe siècle regarder comme un principe incontestable qu'il faut appliquer l'effet déclaratif, quelque dénomination que les parties aient donnée à l'acte, pourvu qu'elles se soient proposé de faire cesser l'indivision.

V. *Actes préparatoires à partage* — Les mêmes principes s'appliquaient aux actes préparatoires, d'après la doctrine universellement admise au XVIIIe siècle par les auteurs et par la jurisprudence. « Un premier principe, dit Guyot dans

(1) Cout. de Paris. — Tit. Des fiefs, 33, 1, 71.
(2) *De Laudimiis*, § 53.

son ouvrage sur les licitations (1), est que le premier acte que passent les cohéritiers entre eux avant partage, quelques termes de vente, cession, transport qu'on y emploie, est exempt de droits ; c'est le partage, c'est leur premier vœu, leur but principal, et le premier acte qu'ils passent a toujours cet objet. Or, le partage entraîne plusieurs opérations ; il est permis aux héritiers de l'élaguer par des actes préparatoires, qui sont des espèces de licitations, des espèces de partages préliminaires, qui réduisent le partage principal à sa simplicité, qui le rendent stable, solide et sans remords. »

« On a considéré, dit de son côté Poquet de Livonnière (2), que si ces traités ne sont pas des partages, ce sont des dispositions préparatoires nécessaires au partage, qui sans cela serait souvent difficile à consommer, soit par le grand nombre d'héritiers et la multiplicité de fractions et divisions, soit par l'impossibilité de diviser les corps héréditaires en autant de parts qu'il y a d'héritiers, sans les morceler, soit pour éloigner par cet expédient un cohéritier difficultueux qui pourrait troubler le partage à faire. »

VI. *De l'effet déclaratif du partage des communautés autres que les successions.* — Bien que

(1) Chap. 3, sect. 3, § 1.

(2) Liv. III, chap. 6, sect. 6.

nous ne nous occupions que de l'effet déclaratif du partage opéré entre cohéritiers, il ne sera pas sans utilité, pour faire comprendre toute la portée de notre maxime dans l'ancien droit, de dire quelques mots de l'extension qu'elle reçut en dehors des communautés héréditaires. Dumoulin (1) nous apprend que certains auteurs refusaient d'exempter des droits de mutation le partage des sociétés : « Dans ce cas, disaient-ils, le partage est volontaire; on ne saurait donc pas, pour soutenir l'affranchissement, se fonder, comme dans l'hypothèse des successions, sur la nécessité du partage. » A cette objection, Dumoulin répond que c'est là une erreur manifeste; car toutes les fois qu'il y a indivision le partage est nécessaire, quelle que soit la cause de cette indivision, puisque chacun a le droit de provoquer le partage. L'opinion que repoussait Dumoulin finit du reste par être complétement abandonnée. Au XVIIIe siècle, aucun auteur n'essaie de la soutenir. La doctrine et la jurisprudence admettent sans hésiter que l'effet déclaratif s'applique à tous les partages. Pothier pose ce principe comme non contesté : « Pareillement, dit-il (2), lorsque plusieurs personnes ont été conjointement légataires d'un héritage, ou lorsqu'elles l'ont

(1) Cout. de Paris, tit. Des fiefs, 33, 1, 69.

(2) Vente, n° 630.

acheté en commun, et que par la suite elles le partagent, chacun est censé être seul légataire ou seul acheteur de ce qui est tombé dans son lot et n'avoir été légataire ni acheteur de rien de ce qui est tombé dans les autres lots. »

En matière de licitation, l'extension de l'effet déclaratif aux communistes *cum societate* souffrit un peu plus de difficulté. En effet, l'art. 80 de la Coutume de Paris réformée contenait l'expression « cohéritiers». On jugea donc d'abord que c'était aux cohéritiers seulement que cet article devait s'appliquer; mais bientôt on comprit que, rationnellement, cette différence n'était pas fondée. On étendit l'effet déclaratif d'abord aux époux communs, et on finit par l'appliquer d'une façon absolue à tous les communistes (1).

Appendice. — L'effet déclaratif du partage entraînait dans les pays de nantissement cette conséquence que le nantissement était inutile pour les partages. Cette formalité n'étant exigée que pour rendre publique la translation de propriété, il était en effet logique qu'on en dispensât un acte regardé comme ne contenant pas une aliénation. Aussi voit-on la coutume de Cambrésis, celle de la Châtellenie de Lille etc., ne pas assujettir les partages à la formalité du nantissement. Celle de

(1) V. Merlin, v° *Licitation*.

Valenciennes était la seule qui l'exigeât : « Les partages et divisions de biens et rentes immobilières, faits entre cohéritiers, dit-elle dans son article 150, pour engendrer réalité, devront être reconnus par-devant deux gens de loi, dont lesdits biens sont mouvants (1). »

(1) V. Merlin, v° *Nantissement*, § 1, 70.

TROISIÈME PARTIE.

DROIT ACTUEL.

CHAPITRE Ier.

DE LA PORTÉE DE L'ART. 883 DU CODE NAPOLÉON.

L'exposé que nous venons de faire des principes admis par l'ancien droit relativement à l'effet déclaratif du partage, nous sera d'un grand secours pour la solution de la question que nous étudierons dans ce chapitre. Nous verrons, en effet, que les rédacteurs du Code Napoléon n'ont nullement voulu innover, qu'ils se sont bornés à recueillir la tradition consacrée par la législation antérieure.

L'article 883, dans lequel le législateur a formulé la maxime de l'effet déclaratif du partage est ainsi conçu : « Chaque cohéritier est censé avoir succédé seul et immédiatement à tous les effets compris dans son lot ou à lui échus sur licitation et n'avoir jamais eu la propriété des autres effets de la succession. » C'est, nous l'avons dit, la seule disposition de nos lois qui ait trait directement à la matière que nous étudions. Il nous faut donc avant tout chercher à en découvrir le caractère et la portée; car notre rôle devant se borner à déduire les conséquences du principe qui s'y trouve posé, le jugement que nous porterons sur ce premier point devra naturellement exercer la plus grande influence sur la solution des questions que nous examinerons dans le cours de cette thèse.

Et d'abord demandons-nous à quelle source le législateur a puisé en édictant cet article? Au risque de compromettre un peu le mérite des rédacteurs, nous sommes forcés de reconnaître qu'ils se sont bornés à copier presque littéralement un passage de Pothier. Cet auteur avait dit (1) : *Chaque cohéritier est censé avoir seul succédé immédiatement au défunt, à tous les effets compris en son lot et n'avoir succédé à aucun de ceux compris dans le lot de ses cohéritiers.* Il suffit de rapprocher ce passage de la disposition de l'art. 883, pour rester convaincu que celle-ci n'est que la reproduction de la phrase même de Pothier, sauf quelques légers changements dans la forme. Cette première observation nous semble d'une haute importance; car elle nous prouve que ce serait aller contre la pensée du législateur,

(1) *Des successions*, ch. IV, art. 5, § 1er.

que de vouloir attribuer à l'effet déclaratif du partage, dans notre droit, une portée autre que celle qui lui était donnée par nos anciens auteurs et notamment par Pothier.

Dans la plupart des ouvrages qui se sont occupés de notre matière, on ne trouve pas de théorie générale de l'art. 883; les auteurs se bornent le plus souvent à indiquer à propos de chaque question la décision qui leur semble préférable, sans établir une doctrine d'ensemble sur l'effet déclaratif du partage. Cependant plusieurs jurisconsultes ont compris la nécessité de chercher avant tout dans un pareil sujet un système d'interprétation qui dominât toutes les décisions particulières.

Nous allons exposer la théorie qu'ils soutiennent, sauf à nous demander ensuite si elle est véritablement conforme au texte et à l'esprit de la loi. Ce système a été développé avec beaucoup de vigueur par M. Duquaire (1). Il est ainsi résumé par MM. Aubry et Rau (2): « Quoique l'art. 883 soit conçu en termes généraux, le caractère déclaratif, ou plutôt l'effet rétroactif qu'il attribue au partage, ne doit cependant pas être considéré comme absolu. En dehors du point de vue fiscal,

(1) *Revue critique*, t. 3, p. 806. V. aussi M. Tillard, *op. cit.*, p. 257; et M. Dutruc (*Traité du partage de succession*), p. 43.
(2) *Zachariæ*, § 625.

et en pur droit civil, cet article a pour unique objet de régler les effets que le partage est appelé à produire entre les ayants cause de chaque cohéritier d'une part et les autres cohéritiers ou leurs ayants cause d'autre part. »

Sur quelles bases repose cette théorie ? M. Duquaire affirme qu'elle découle de l'histoire, de la raison, de la loi et de la jurisprudence. Assurément si une pareille proposition peut être démontrée, force nous sera bien de nous incliner devant ce système ; car ne reposât-il que sur la loi, nous ne devrions pas hésiter à l'accepter et à l'appliquer. Passons donc en revue les divers arguments invoqués à l'appui de cette opinion.

Un premier raisonnement fort simple est mis en avant par les partisans de cette théorie : « L'art. 883, disent-ils, quelque absolue que paraisse sa formule, n'a eu cependant en vue que de consacrer les principes de l'ancien droit. Or dans quel but l'effet déclaratif avait-il été admis par nos anciens auteurs ? Uniquement pour éviter les recours résultant, dans la législation romaine, de l'effet translatif du partage. Nous ne devons donc également, sous l'empire du Code, appliquer l'art. 883, qu'autant qu'il s'agira de droits consentis pendant l'indivision et pouvant venir entraver les opérations du partage.

La formule de l'art. 883 n'est pas d'ailleurs un

obstacle sérieux pour ce système. Elle ne fait que consacrer une fiction, comme le prouve l'expression *censé* qu'on y rencontre. Or, il est de principe en droit que les fictions doivent être interprétées de la façon la plus étroite.

Il est tellement vrai que le seul effet de l'art. 883 doit être l'anéantissement des charges créées pendant l'indivision que, sous tous les autres rapports, on voit dans notre Code la fiction disparaître pour laisser place à l'égalité. Ainsi le législateur admet l'action en garantie au cas d'éviction, décision provenant évidemment de ce que, en dehors des limites précédemment indiquées, il n'a vu dans le partage qu'une véritable aliénation.

La place assignée par le rédacteur à l'art. 883, ajoute M. Duquaire, vient confirmer pleinement ce système. C'est en effet au titre des successions que nous le rencontrons. « Or, dans ce titre, dit-il (1), le législateur s'occupe du règlement de certains intérêts, qui naissent et qui sont mis en mouvement par suite de l'ouverture d'une succession. Il s'agit de la conservation de la famille, de sa tranquillité, de la fixation et de la garantie de chacun de ses membres... De l'intérêt des tiers, des droits des créanciers hypothécaires, ce n'est pas le lieu d'en prendre souci ; on s'en occupera autre part. »

(1) *Revue critique*, p. 816.

Il n'est pas jusqu'à l'expression *seul* de l'art. 883 que M. Duquaire n'ait essayé de faire parler en faveur du système qu'il défend avec tant d'énergie: « Le mot *seul* de cet article, dit-il, trahit la préoccupation du législateur. Il s'agit uniquement de déterminer la situation respective des cohéritiers entre eux... L'article ajoute: « à tous les effets compris dans son lot. » Qu'est-ce à dire, sinon que l'effet, la chose auxquels a succédé le cohéritier sont francs et quittes de toutes charges? Là se borne la pensée de la loi. »

M. Dutruc (1) tire de son côté un autre argument de ce que le législateur, en exigeant l'intervention de la justice au cas de partage de biens de mineurs et d'interdits, en refusant au mari le droit de provoquer, sans le concours de sa femme, le partage des objets qui ne tombent pas en communauté, a vu sans aucun doute dans cette opération une véritable aliénation.

Telles sont les différentes considérations invoquées par les auteurs qui n'appliquent l'art. 883 que dans l'hypothèse de droits consentis pendant l'indivision. Parmi les arguments que nous venons d'indiquer, il en est qu'on ne peut sérieusement invoquer. Il est évident, par exemple, que la place donnée par les rédacteurs à l'art. 883 ne saurait être critiquée dans aucun système. Que

(1) *Op. cit.*, p. 11.

l'effet déclaratif du partage soit plus ou moins absolu, qu'il ait été pour les rédacteurs une fiction ou une réalité, il est bien certain que c'était dans la section consacrée aux *Effets du Partage* que cet article devait être classé. Nous croyons donc inutile d'insister plus longtemps sur ce premier point. Nous n'avons pas non plus à discuter longuement ce qui concerne les expressions de l'article 883. Quelque subtils que soient les efforts tentés pour soutenir le contraire, il est bien évident que le texte de cet article est éminemment favorable au système que nous soutenons. Rien de plus absolu que les termes de cette disposition ; l'effet déclaratif y est formulé de la façon la plus large et la moins restrictive. Quant au mot *censé*, il suffit, pour réfuter l'argument qu'on prétend en tirer, de faire remarquer qu'il a été, comme le reste de l'article, copié dans Pothier. Or, certainement, aux yeux de Pothier, l'effet déclaratif était un principe général et non une fiction qu'on doive restreindre à telle hypothèse donnée. Nous dirons donc avec M. de Valroger (1) que c'est là un « legs des habitudes de langage de nos jurisconsultes anciens, entraînés eux-mêmes par les habitudes des jurisconsultes romains. »

Laissons maintenant de côté le texte et recherchons l'esprit de notre disposition. On commet

(1) *Revue de droit français*, t. 7, p. 120.

une grave erreur, selon nous, quand on soutient que la maxime de l'effet déclaratif a été introduite dans l'ancien droit uniquement en vue de délivrer le partage des entraves résultant du système romain. Sans doute c'est là un des principaux avantages de la nouvelle théorie; mais ce n'est pas dans ce but que nos anciens jurisconsultes lui ont donné place dans nos lois. L'étude de l'ancien droit nous a conduit à reconnaître que l'origine de notre maxime se trouve dans le fait suivant : Le partage étant à l'époque féodale affranchi des droits de mutation, les jurisconsultes en avaient conclu que cet acte ne constituait pas une aliénation et avaient cru logique d'appliquer cette doctrine aux questions de droit civil. Il est même à remarquer que c'est précisément dans les hypothèses où il s'agissait de charges consenties pendant l'indivision que la nouvelle doctrine rencontra le plus de résistance; ce qui s'explique facilement du reste par une simple observation : c'étaient là les seules hypothèses que les jurisconsultes romains avaient prévues; c'étaient celles au sujet desquelles ils avaient exposé la théorie de l'effet translatif; or, on sait combien à cette époque on redoutait de s'écarter des décisions du droit romain. Une fois le triomphe de l'effet déclaratif assuré même dans ces dernières hypothèses, nous l'avons vu se généraliser de plus en plus à chaque siècle. Des systèmes différents se produisirent pour l'expliquer rationnellement; mais tous y voyaient une vérité générale et absolue. Demandons à l'auteur même, dans les œuvres duquel l'art. 883 a été copié, quelle était la portée de l'effet déclaratif dans l'ancien droit. Voici quelle réponse Pothier nous donnera : « Le partage, dit-il dans le paragraphe même d'où a été tirée la formule de l'art. 883 (1), *n'est pas considéré comme un titre d'acquisition* par lequel chaque cohéritier acquiert de ses cohéritiers les portions indivises qu'ils avaient avant le partage dans les effets qui lui sont assignés pour son lot, mais c'est seulement *un acte déterminatif* des choses auxquelles chacun des cohéritiers a succédé au défunt, chacun des cohéritiers, qui n'était qu'héritier en partie n'ayant pu succéder à toutes, mais seulement à celles que lui assignerait un jour le partage que la nature de l'indivis de la succession exigeait. *Chaque cohéritier n'acquiert donc rien par le partage de ses cohéritiers ; il tient tout du défunt immédiatement.* » Dans son Traité de la vente, Pothier expose d'une façon peut-être encore plus explicite la théorie de l'effet déclaratif. Nous y lisons le passage suivant (2) : « Selon les principes de notre droit français très opposés

(1) *Des successions*, ch. IV, art. 5, § 1er.
(2) VIIe partie, art. 6.

à ceux du droit romain, *les partages n'ont aucun rapport avec le contrat d'échange* : ce ne sont pas des actes par lesquels les copartageants acquièrent *ni soient censés acquérir rien les uns des autres.* Un partage, suivant nos principes, n'est autre chose qu'un acte qui détermine la part indéterminée qu'avait avant le partage chaque cohéritier dans la masse qui a été partagée, aux seules choses qui tombent dans son lot »..... Et plus loin : « Il est évident, suivant ces principes, que le partage est un acte qui n'a aucun rapport avec le contrat de vente, soit qu'il soit fait sans retour soit avec retour en deniers ; car, suivant ces principes, le partage n'est point un titre d'acquisition : je n'acquiers proprement rien par le partage que je fais avec mes cohéritiers ou autres copropriétaires ; et tout l'effet du partage se réduit à rendre déterminé à de certaines choses le droit que j'avais, qui était auparavant indéterminé. »

Il est impossible d'énoncer un principe d'une façon plus absolue. Pothier avait prévu la critique qu'on pouvait adresser à ce système en se fondant sur l'action en garantie accordée au cohéritier évincé.

« Les copartageants, dit-il(1), contractent par le partage l'obligation de se garantir réciproquement

(1) Vente, n° 632.

les choses qui tombent dans leurs lots respectifs ; mais cette obligation est différente de celle qu'un vendeur contracte avec l'acheteur et tout autre cédant envers le cessionnaire », et, après avoir exposé quelle différence existe entre ces deux garanties, il ajoute : « La raison de différence est que mes cohéritiers ou autres copartageants ne peuvent être considérés comme mes cédants par rapport à la chose dont je souffre éviction, puisque, suivant nos principes, les copartageants par les partages ne se cèdent rien et ne tiennent rien les uns des autres. La seule raison sur laquelle est fondée la garantie des copartageants est que l'égalité, qui doit régner dans les partages, se trouvant blessée par l'éviction que souffre l'un des copartageants dans quelqu'une des choses tombées dans son lot, la loi qui exige cette égalité, oblige chacun des copartageants à la rétablir. Or, il suffit pour cela qu'ils lui fassent raison, chacun pour leur part, de la somme pour laquelle la chose évincée lui a été donnée en partage. »

Les rédacteurs du Code Napoléon ont-ils entendu apporter une dérogation quelconque à ces principes? Nous avons montré que cela n'était pas admissible puisque c'est à Pothier lui-même qu'ils ont emprunté leur formule. Il y a plus ; si nous ne trouvons dans les discussions du Conseil d'État aucun document relatif à l'art. 883, nous avons le rapport fait au Tribunat par M. Chabot; or, ce rapport est la reproduction exacte des idées de Pothier : « Le partage, dit-il (1), a pour objet de faire cesser l'indivision et d'attribuer à chaque cohéritier la portion à laquelle il a droit sur la masse commune. Il n'est question dans un partage que de distribuer à chacun la juste valeur de ce qui lui appartient et de ce qu'il possédait auparavant par indivis. Ce n'est pas une affaire de négoce ni de commerce : *il n'y a de part ni d'autre ni vente ni échange. Tout consiste à régler divisément la portion dont chacun était déjà propriétaire dans la masse indivise.* »

L'effet déclaratif du partage a donc, sous l'empire du Code Napoléon, la même généralité que dans l'ancien droit. Alléguera-t-on que le rédacteur a donné un démenti à ce système en instituant l'action en garantie? Nous répondrons avec Pothier que cette action est fondée uniquement sur l'égalité, qui est la condition essentielle de tout partage; et nous invoquerons à l'appui de cette réponse cette autre phrase de M Chabot : « *C'est encore un des effets de l'égalité qui doit régner dans les partages*, que tous les cohéritiers soient garants respectivement des troubles et évictions qu'ils peuvent mutuellement éprouver. »

Nous ferons en outre remarquer que, dans notre

(1) *Locré*, t. X, p. 265.

Code comme dans l'ancien droit, il existe entre la garantie de la vente et celle du partage une différence fondée sur ce que dans un cas il y a véritablement acquisition, tandis que dans l'autre hypothèse, il y a simplement aux yeux des rédacteurs un acte dans lequel doit régner la plus parfaite égalité.

Quant à l'argument déduit par M. Dutruc des formalités exigées par le Code pour le partage des mineurs et de la femme mariée, nous répondrons que le partage, sans être regardé par le législateur comme une aliénation, a été considéré par lui avec raison comme un acte dangereux pour les parties en ce qu'il est facile d'y porter atteinte à l'égalité, qui doit en être la base. Cette considération suffit pour justifier les garanties sérieuses exigées par la loi dans l'intérêt des incapables qui concourent au partage.

Quant à la jurisprudence, elle peut être invoquée par tous les systèmes; car sa règle d'interprétation varie avec chaque espèce. Suivant que la cour de cassation veut statuer dans tel ou tel sens, elle regarde l'art. 883 comme contenant une fiction qu'on doit interpréter restrictivement, ou comme formulant au contraire un principe absolu : « Considérant, dit un arrêt du 6 novembre 1832, que l'acception de l'art. 883 doit être restreinte dans ses plus strictes limites ... » « Attendu, porte un autre arrêt du 27 mai 1835, que le sens exclusif et restreint de la fiction admise par l'art. 883 est confirmé par les art. 884 et 885 : que l'un établit la garantie des cohéritiers les uns envers les autres et parle de l'acte de partage, comme l'art. 883 parle du lot de chaque héritier ; que l'autre rend chacun des cohéritiers obligé personnellement d'indemniser son cohéritier de la perte que lui fait éprouver l'éviction... » En regard de ces deux décisions de la cour de cassation, nous placerons la phrase suivante d'un arrêt assez récent (1) de la même cour : « *C'est d'une manière générale et absolue* que l'art. 883 déclare que chaque cohéritier est censé avoir succédé seul et immédiatement à tous les effets compris dans son lot et n'avoir jamais eu la propriété des autres effets de la succession, » phrase qui est du reste la reproduction textuelle d'un arrêt du 2 décembre 1845 (2) statuant sur la même question.

Quant à nous, les considérations précédemment exposées nous conduisent à dire qu'à tort ou à raison le législateur a vu dans l'effet déclaratif un principe général et absolu et non pas seulement une fiction restreinte à telle hypothèse particulière. Toutefois il ne résulte pas de là que, quel que soit

(1) Arr. du 29 août 1853 (Deville 1853, 1, 707).
(2) Deville, 46, 1, 21.

le cas en présence duquel nous nous trouverons, nous devrons appliquer ce principe. Toutes les fois que nous rencontrerons dans la loi une dérogation expresse ou tacite à cette maxime, nous la laisserons de côté ; mais nous regarderons comme devant être comprise dans la règle de l'effet déclaratif toute hypothèse dans laquelle cette dérogation ne nous apparaîtra pas.

CHAPITRE II.

A QUELS ACTES S'APPLIQUE LA RÈGLE DE L'EFFET DÉCLARATIF DU PARTAGE ?

L'art. 883 n'a établi expressément l'effet déclaratif que pour le partage pur et simple et pour la licitation. Mais il existe un grand nombre d'actes qui présentent avec ces deux hypothèses une analogie plus ou moins grande. Nous aurons donc, dans ce chapitre, à passer en revue ces différentes opérations et à poser les principes en vertu desquels nous devons décider si elles tombent ou non sous l'application de l'art. 883.

§ 1er. — *Du partage pur et simple.*

Dans cette première hypothèse, la loi, nous le savons, est formelle. Toutes les fois que le partage pur et simple d'une succession aura lieu, on devra donc appliquer toutes les conséquences que nous exposerons dans notre troisième chapitre.

Mais certains actes, quoique constituant en apparence un partage, ne produisent qu'un effet translatif. Le but du partage étant de faire cesser une indivision, il n'y a pas en réalité partage, quelle que soit la forme qu'un acte revête, si cet acte ne tend pas à mettre fin à une indivision. Nous pouvons donc poser en principe que tout partage suppose une indivision.

De cette règle incontestable découle la conséquence suivante : Si un premier partage a été opéré entre les cohéritiers, et qu'ensuite, revenant sur cette première opération, ils veuillent modifier la composition des lots, ce deuxième acte sera essentiellement translatif, puisqu'il est intervenu à une époque où l'indivision n'existait plus. Il ne saurait donc être question d'appliquer ici la disposition de l'art. 883. Mais, pour qu'il en soit ainsi, il faudra que le premier partage ait été entièrement terminé. Ainsi, dans le cas de représentation (art. 743), si on a procédé d'abord au partage par branche, on pourra opérer ensuite la division par souche et par tête ; il ne faut voir là que des opérations diverses se rattachant à un seul et même acte ; elles devront donc tomber sous l'application de l'art. 883.

Nous n'avons pas à rechercher dans quels cas

il y a ou non indivision (1). Nous établirons seulement ce principe, qu'il n'y a indivision qu'autant que le même droit appartient concurremment à plusieurs personnes sur un objet. Il peut très-bien arriver que plusieurs personnes aient des droits sur une même chose, sans qu'il y ait indivision. Ainsi l'usufruitier et le nu-propriétaire ont chacun des droits sur la même chose; mais comme ces droits sont distincts, il n'y a pas indivision entre eux, pas plus qu'entre le propriétaire d'un fonds et celui qui a une servitude sur ce fonds. Si au contraire nous supposons deux copropriétaires convenant que, pour mettre fin à l'indivision qui existe entre eux, l'un aura l'usufruit, l'autre la nue-propriété de l'immeuble indivis, cet acte devra être, au point de vue du droit civil et fiscal, considéré comme simplement déclaratif; car il y a réellement dans cette hypothèse une opération faisant cesser l'indivision en accordant à chacun un droit distinct. Ce principe a, du reste, été reconnu par un arrêt de la Cour de cassation, du 16 juin 1824.

Nous sommes amenés par ces considérations, à examiner une question d'une haute importance, qui partage les jurisconsultes, celle de savoir si l'art. 883 s'applique aux créances héréditaires.

(1) V. sur ce point M. Championnière et Rigaud. *Traité d'enregistrement*, nos 433 et suiv.

L'art 1220 C. Nap. s'occupe spécialement des créances héréditaires. Or on se demande si, en édictant cette disposition, le législateur a entendu déroger ou non à celle de l'article 883. Cet art. 1220 porte que les héritiers « ne peuvent demander la dette ou ne sont tenus de la payer que pour les parts dont ils sont saisis ou dont ils sont tenus comme représentant le créancier ou le débiteur ». Ceux qui voient dans cette règle une exception à celle de l'art. 883 raisonnent ainsi : Le législateur, dans l'art. 1220, partage de plein droit entre les héritiers les dettes et les créances au moment même de l'ouverture de la succession ; ce partage a nécessairement pour effet de faire cesser l'indivision ; l'acte, qui interviendra ensuite, ne peut donc être considéré comme un partage tombant sous l'application de l'art. 883 ; car on ne peut partager que ce qui est indivis. — Les adversaires de ce système ne voient au contraire dans la disposition de l'art. 1220 qu'un partage provisoire, qui ne peut en aucune façon mettre obstacle au partage définitif auquel s'appliquera pleinement l'effet déclaratif en vertu de l'art. 883.

Les partisans de la première opinion ne considèrent l'opération à laquelle procèdent les héritiers que comme une véritable cession de créances. Ainsi soient trois héritiers : Primus, Secundus, Tertius. Chacun d'eux s'est trouvé saisi, lors de l'ouverture de la succession, en vertu de l'art. 1220, du tiers de chaque créance. Si donc ces héritiers conviennent que Primus aura la totalité d'une créance contre Paul par exemple, qu'est-ce autre chose qu'une cession faite à Primus par Secundus et Tertius de leur tiers dans cette créance? Il faudra donc accomplir les formalités prescrites par l'art. 1690 pour que Primus soit régulièrement saisi à l'égard des tiers. Dans l'autre système au contraire, comme il y a là non pas une cession proprement dite mais un véritable partage, ces formalités sont inutiles.

Il faudra également dans la première théorie appliquer toutes les autres conséquences résultant de ce qu'il y a dans cet acte une cession. Si donc un héritier a, antérieurement à cette opération, cédé à un tiers sa part dans la créance, en se conformant à l'art. 1690, ce tiers s'en trouvera également nanti; la deuxième cession faite par l'héritier à son cohéritier ne pourra porter aucune atteinte aux droits de ce tiers, le cohéritier n'aura donc que l'action en garantie contre son cédant. — Jusqu'à ce que les formalités de l'art. 1690 aient été accomplies par le cohéritier cessionnaire, le débiteur pourra valablement payer entre les mains de l'héritier la part dont celui-ci s'est trouvé saisi en vertu de l'art. 1220. — Le débiteur pourra également opposer au cohéritier cessionnaire toute compensation qui se produira antérieurement à cette époque. Les créanciers de l'héritier cédant auront pu valablement saisir-arrêter la créance jusqu'à cette même époque. — Et cet héritier a pu efficacement donner mainlevée des hypothèques garantissant la créance.

Tels sont les principaux effets résultant de ce que, jusqu'au jour où l'héritier a cédé sa part dans la créance à son cohéritier, cet héritier cédant en a été pleinement saisi et a pu accomplir tous les actes que sa qualité de créancier lui conférait le droit de faire, sans que la cession par lui faite postérieurement ait pu les anéantir rétroactivement.

Les auteurs, qui appliquent dans notre hypothèse l'art. 883, devaient logiquement dire que l'héritier dans le lot duquel la créance n'est pas mise est réputé n'avoir jamais été créancier. Cependant les partisans les plus énergiques de cette théorie n'osent pas aller jusque-là. Ainsi Zachariæ (1) dit que l'art. 883 s'applique, mais que tous les droits acquis à des tiers antérieurement au second partage doivent être respectés. D'après lui, non-seulement le débiteur a pu valablement payer à chaque cohéritier sa part dans la créance héréditaire, conformément à l'art 1220; mais l'héritier a pu également céder valablement sa part héréditaire dans chacune des créances. Il ad-

(1) § 635.

met encore que si l'héritier est devenu débiteur du débiteur de l'hérédité, il y a, jusqu'à concurrence de sa part héréditaire, une compensation de plein droit dont l'effet est irrévocable. Et les créanciers personnels de l'héritier ont pu valablement, d'après ce même auteur, saisir-arrêter cette part héréditaire, pourvu qu'un jugement de main-vidange ait été rendu antérieurement au partage.

Cette doctrine, on le voit, atténue singulièrement l'application de l'art. 883. Il semble même au premier abord que, grâce à cette atténuation, les deux théories arrivent au même résultat. Cependant il y a encore entre les deux systèmes cette différence que tous les faits, dont nous avons parlé, ne seront irrévocables dans le deuxième qu'autant qu'ils auront été antérieurs à l'époque du partage opéré entre les cohéritiers, tandis que, dans le premier, il suffira qu'ils se soient produits avant l'accomplissement des formalités de l'art. 1690. Il résulte encore du système exposé par Zachariæ une seconde différence ; la mainlevée des hypothèques, à quelque époque qu'elle ait été consentie par l'héritier, ne peut jamais, d'après lui, être opposée à celui dans le lot duquel la créance aura été mise lors du partage.

M. Marcadé (1) adopte la théorie de Zachariæ ; seulement il n'entre pas dans les détails de cette

(1) Sur l'art. 883, 5°

doctrine ; il se contente de dire relativement à la portée du principe posé par l'art. 1220 : « Sans doute les droits irrévocablement acquis à des tiers sous l'empire et en vertu de la division légale devront être respectés. »

M. Demante (1) refuse d'appliquer l'art. 883 aux créances héréditaires. Toutefois il n'admet pas d'une manière absolue ce système. L'opération intervenue entre les cohéritiers relativement aux créances héréditaires est, d'après lui, une cession à l'égard du débiteur et doit en conséquence être soumise aux formalités de l'art. 1690. Mais ce serait seulement à l'égard du débiteur qu'il en serait ainsi. A l'égard de tout autre, il y aurait un véritable partage. Ainsi M. Demante admet bien que le débiteur pourra opposer au cohéritier cessionnaire les paiements qui auront été faits et la compensation qui se sera produite antérieurement à l'accomplissement des formalités de l'art. 1690. Mais il n'admet pas la validité absolue de la saisie-arrêt opérée avant cette époque, parce que dans ce cas il s'agit non plus du débiteur mais d'un tiers. Ainsi, d'après M. Demante, l'opération a un double caractère : par rapport au débiteur, c'est une véritable cession ; par rapport aux tiers, c'est un partage ; et même sous ce dernier point de

(1) *Cours analyt.*, art. 883, n° 225 *bis*, VII.

vue, M. Demante semble aller plus loin que Zachariæ et donner à la rétroactivité de ce partage une énergie plus grande.

Enfin M. Duranton (1) applique dans toute son étendue l'opinion qui voit dans l'art. 1220 une dérogation à l'art. 883. L'acte n'est, suivant lui, à l'égard des tiers comme à l'égard du débiteur, qu'un transport de créance.

Après avoir exposé les trois principaux systèmes qui ont été soutenus par les auteurs, demandons-nous quel est celui des trois que le législateur a voulu consacrer.

Ceux qui appliquent aux créances la disposition de l'art 883 se fondent sur la généralité des termes de cet article. La règle de l'effet déclaratif s'applique, disent-ils, d'après les expressions mêmes de la loi, à tous les *effets* héréditaires. Les créances sont tout aussi bien des effets héréditaires que les objets corporels. Dès lors ce n'est qu'en présence d'une dérogation formelle, expresse, qu'on pourra décider que le principe de l'art. 883 ne doit pas être appliqué dans cette hypothèse. Or, cette dérogation n'existe pas. L'art. 1220 dit, à la vérité, que les héritiers pourront, à partir de l'ouverture de la succession, demander le paiement de la portion de la créance héréditaire pour laquelle

(1) VII, nos 163 et 169. V. aussi M. Liégeard, *op. cit*, p. 64.

ils représentent le défunt; mais ce n'est là qu'un partage provisoire que la loi était bien forcée d'établir, car il fallait décider par qui les débiteurs pourraient être poursuivis jusqu'au jour du partage définitif. Mais, dès que ce dernier partage a été effectué, toutes les règles ordinaires sont applicables; l'effet déclaratif se produit ainsi que tous les autres effets du partage. L'art. 832 C. Nap. vient d'ailleurs montrer que le lotissement opéré constitue un véritable partage; il dit en effet: « Il convient de faire entrer dans chaque lot, s'il se peut, la même quantité de meubles, d'immeubles, de droits ou de *créances* de même nature ou valeur. » N'est-ce pas assimiler expressément les créances aux autres effets héréditaires? D'ailleurs, pourquoi le législateur n'aurait-il pas appliqué aux créances héréditaires une règle qu'il jugeait salutaire lorsqu'il s'agit d'objets corporels? Tout s'explique donc de la façon la plus simple: Il fallait régler comment les choses se passeraient à l'égard du débiteur jusqu'à l'époque du partage; c'est l'art. 1220 qui y a pourvu en établissant un partage provisoire. Mais une fois le partage définitif effectué, l'art. 1220 n'a plus de raison d'être; il doit disparaître et laisser place à la disposition de l'art. 883.

Telles sont en substance les considérations qui nous paraissent pouvoir être invoquées dans l'intérêt du système que nous venons d'exposer. Essayons d'y répondre et de démontrer que, quelque ingénieuses qu'elles puissent paraître, elles ne sauraient être décisives.

Le système opposé peut invoquer d'abord la tradition. Nous avons vu qu'en droit romain les créances se partageaient de plein droit. Nous avons constaté également que, malgré ce principe, les créances figuraient ordinairement dans le partage ; mais l'héritier auquel la créance se trouvait ainsi attribuée n'était, ainsi que le disent les textes, qu'un *procurator in rem suam*, c'est-à-dire jouait un rôle analogue à celui de notre cessionnaire. Les pays de droit écrit suivaient la même doctrine. Les provinces de droit coutumier avaient-elles répudié la doctrine romaine? Voici en quels termes Pothier s'exprime sur cette question dans son traité des sociétés (n° 172) : « A l'égard des dettes actives, quoique par elles-mêmes elles soient *divisées de plein droit* et n'aient pas en conséquence besoin de partage ; néanmoins, comme ce serait une chose trop embarrassante, que chacun des ci-devant associés se fît payer de sa part par chacun de tous les débiteurs de la société ou communauté, on a coutume de lotir celles qui sont dues par de bons débiteurs, de même que les autres effets de la communauté. » Il suffit de comparer ce passage à la loi 5, *famil.*

ercitc., pour se convaincre qu'il n'en est que la reproduction (1).

Est-ce donc dans notre Code que se trouve l'innovation ? Nous connaissons l'art. 1220 ; n'est-il pas parfaitement conforme aux principes que nous venons d'exposer ? Cet article est du reste tellement formel que les partisans du système, que nous combattons, sont obligés d'avouer qu'il établit le partage de plein droit des créances et des dettes héréditaires ; seulement, disent-ils, ce partage n'est que provisoire. Or, n'est-ce pas à eux à prouver qu'il en est ainsi ? Sur quoi peuvent-ils s'appuyer pour le soutenir ? Est-ce sur l'art. 883 ? C'est là une pétition de principe ; l'article 883 s'applique à tous les effets héréditaires, mais seulement à ceux qui sont indivisis ; si donc l'art. 1220 a partagé de plein droit les créances, comme elles ont cessé d'être indivises, elles ne peuvent être considérées comme régies par la dis-

(1) C'est cet argument fondé sur la tradition que M. Troplong invoquait dans un rapport à la Cour de cassation. « Quant au moyen tiré de ce que la dette ne se divise pas de plein droit et sans partage, disait-il, vous penserez peut-être que c'est aller contre les principes établis dans la jurisprudence depuis la loi des XII Tables ; il suffit de lire la loi 1 C., *si unus ex pluribus* et la loi dernière au Cod., *de hæredit. act.*.. Voici ce que dit au surplus le président Favre : « Obligatio personalis sive activa sive passiva dividitur ipso jure per legem XII Tabularum inter plures hæredes debitoris vel creditoris » (Ration., l. 11, 4, D., *De pign. act*).

position de l'art. 883. On ne peut donc sérieusement invoquer cette disposition pour prouver que le partage établi par l'art. 1220 n'a qu'un caractère provisoire.

Est-ce l'art. 832 qui établit cette dérogation? Nous avons reproduit les termes de cet article. N'est-il pas évident qu'il est la simple reproduction du passage du droit romain et de celui de Pothier nous disant qu'on a l'habitude, pour éviter les inconvénients résultant du morcellement des créances, de les répartir entre les héritiers? L'art. 832 ne s'explique nullement sur le caractère et les effets d'un pareil lotissement; il ne nous indique pas s'il y a là une cession ou un véritable partage. Comment d'ailleurs serait-ce incidemment, dans une disposition ne constituant qu'un simple conseil que les rédacteurs auraient formulé une doctrine d'une telle importance? Ajoutons d'ailleurs que les adversaires de notre doctrine sont forcés de reconnaître au partage des dettes un effet irrévocable. Et cependant n'est-ce pas dans l'art. 1220 que ce partage se trouve établi par le législateur?

Pourquoi, nous dit-on, avoir admis un droit spécial en matière de créances? Nous avons vu quel était le motif de l'art. 1220; il fallait nécessairement réglementer la situation des débiteurs héréditaires avant le partage; les rédacteurs l'ont fait en établissant le partage de plein droit des créances entre les héritiers. Et, une fois ce partage admis, les rédacteurs n'ont pas cru devoir introduire une exception à cette règle que les biens déjà divisés ne sont plus susceptibles d'être partagés ; il a par ce moyen évité le conflit qui aurait forcément existé entre l'effet rétroactif du deuxième partage et les conséquences produites par le premier. La décision du législateur se justifie au surplus d'une façon toute naturelle par l'influence de la tradition.

L'art. 883 ne s'applique donc pas, suivant nous aux créances héréditaires. Il faut voir dans l'opération, dont parle l'art. 832, une véritable cession et lui en faire produire tous les effets. Car nous repoussons la distinction proposée par M. Demante. Quelque ingénieuse qu'elle soit, elle nous semble trop arbitraire pour pouvoir être admise.

Quelle est sur la portée de l'art. 1220 la théorie de la jurisprudence ? Un arrêt de la Cour de Cassation du 9 novembre 1847 (1), a décidé, sur le rapport de M. Troplong dont nous avons parlé, que chaque héritier a le droit de demander aux débiteurs de la succession « sa part et portion virile dans le montant de la créance. » Cet arrêt est même rédigé d'une façon assez absolue, car il

(1) Deville., 48, 1, 289.

est ainsi motivé en ce qui concerne le point qui nous occupe : Considérant en droit que *les dettes se partagent de plein droit activement et passivement*, et que, d'après ces principes incontestables, le débiteur qui paie aux héritiers de son créancier leur part virile fait un paiement valable, etc. » Mais d'un autre côté un arrêt de la même cour du 24 janvier 1837 (1), avait décidé que le partage effectué par les héritiers, anéantit la saisie-arrêt pratiquée postérieurement à l'ouverture de la succession par le créancier personnel d'un héritier, si la créance n'est pas mise dans le lot de celui-ci. Un autre arrêt du 20 décembre 1848 (2), a jugé que la mainlevée des hypothèques donnée par un héritier pour la part, qu'il a dans une créance héréditaire en vertu de l'article 1220, est sans effet, si cette créance ne lui est pas attribuée lors du partage. Ainsi, la jurisprudence de la cour de cassation applique complétement l'art. 883 aux créances héréditaires, sauf en ce qui concerne le paiement. Elle rejette donc la doctrine du respect des droits acquis admise par Zachariæ et par M. Marcadé.

Pour que l'effet déclaratif puisse s'appliquer, il n'est nullement nécessaire qu'on divise les biens héréditaires par un seul et même partage.

(1) Deville., 37, 1, 106.
(2) Deville., 49, 1, 179.

Il arrive souvent qu'on procède par plusieurs partages successifs ; ainsi on divise d'abord les meubles et ensuite les immeubles. Or il est bien évident que chacune de ces opérations ne produira qu'un effet purement déclaratif. Ce principe, déjà consacré par l'ancien droit, n'est d'ailleurs contesté par personne ; il est admis dans toute sa plénitude au point de vue du droit fiscal comme au point de vue du droit civil.

Ainsi, le partage pur et simple ne produit jamais qu'un effet déclaratif, qu'il porte sur la totalité ou sur une partie seulement des objets héréditaires, qu'il s'agisse de meubles ou d'immeubles, que le partage soit verbal ou constaté par écrit.

§ 2. — *De la licitation.*

Le Code Napoléon, se conformant en cela aux principes que nous avons vus consacrés par l'ancien droit, assimile, quant à l'effet déclaratif, la licitation au partage proprement dit. Toutes les règles que nous avons posées au paragraphe précédent devront donc s'appliquer dans cette nouvelle hypothèse.

Le projet primitif du Code avait omis de mentionner dans notre article la licitation. Ce fut sur une note du tribunal de Lyon que les rédacteurs ajoutèrent dans l'art. 883 les mots « à lui échus par licitation ». En présence du texte actuel, aucun doute n'est possible relativement à cette assimilation, quoiqu'elle ne se trouve pas reproduite dans les articles que le législateur a consacrés spécialement à la licitation au titre de la vente.

L'art. 883 ne distinguant pas entre les deux espèces de licitation, nous ne devons pas non plus faire de distinction ; nous appliquerons donc cet article aussi bien dans l'hypothèse d'une licitation amiable qu'au cas de licitation judiciaire. Les controverses qu'on a tenté de soulever sur ce point ne nous semblent pas sérieuses.

Nous admettons également l'effet déclaratif, que les étrangers aient été ou non admis à enchérir. On a essayé de soutenir que l'art. 883 n'était applicable qu'au cas d'admission des étrangers. Il est évident que cette condition n'a été nullement exigée par le législateur. D'ailleurs, comme on l'a fait très justement remarquer, c'est précisément dans l'hypothèse où les étrangers n'étaient pas admis à enchérir, que notre ancien droit commença à proclamer l'effet déclaratif de la licitation. Ce n'est que postérieurement qu'il étendit cette décision au cas où l'opération s'était faite avec le concours d'étrangers.(1). Il semblait à nos anciens auteurs que le caractère de vente était plus en re-

(1) C'est ainsi que Dumoulin, dans son Commentaire du titre des Fiefs, exige, pour qu'il y ait exemption des droits, que les étrangers n'aient pas été admis. Ce n'est que dans son Com-

lief dans cette seconde hypothèse que dans la première

Au surplus ces deux points sont maintenant regardés comme hors de controverse.

Nous avons dit que, dans l'ancien droit, les auteurs s'étaient demandé s'il n'y avait réellement licitation qu'autant que les biens n'étaient pas susceptibles d'être partagés en nature ; nous avons rapporté les controverses qui surgirent à l'occasion de cette question Toullier a soutenu que, sous l'empire de notre Code, il fallait, pour qu'il y eût licitation produisant un effet déclaratif, que les biens ne fussent pas commodément partageables ; il se fonde sur l'art. 827 C. Nap. Mais cette doctrine ne peut pas être soutenue en présence des termes de l'art. 1686, qui s'exprime ainsi : « Si une chose commune à plusieurs ne peut être partagée commodément et sans perte, ou si, dans un partage fait de gré à gré de biens communs, il s'en trouve quelques-uns qu'aucun des copartageants ne puisse ou ne veuille prendre etc... » Cet article met fin, on le voit, à tout débat. Aussi la théorie de Toullier n'a-t-elle trouvé aucun partisan. On n'a donc plus à s'inquiéter en aucune façon des causes qui font procéder à la licitation.

mentaire du titre des Censives qu'il regarde les droits comme n'étant pas dus même dans le cas où les étrangers ont été reçus à enchérir.

L'art. 883 dit : « *Chaque héritier* est censé avoir succédé seul à tous les effets, à *lui* échus sur licitation. » Il exige donc, pour que la licitation ne produise qu'un effet déclaratif, que ce soit un cohéritier qui se porte adjudicataire. Malgré ce texte si formel, on a soutenu que la licitation a un effet déclaratif lors même que l'adjudicataire est un tiers. Voici comment raisonnent les partisans de ce système :

L'effet déclaratif du partage a pour but d'éviter les recours entre les cohéritiers. Or ici qu'arrivera-t-il, si la licitation est considérée comme un acte translatif ? Ou bien les tiers auront connaissance des charges créées pendant l'indivision, et alors ils ne se présenteront pas pour surenchérir (et ce seront évidemment les cohéritiers, qui auront à souffrir de cette abstention, puisqu'ils retireront un prix moins élevé) ; ou bien les tiers ne connaîtront pas ces charges, et alors il y aura lieu à ces recours que le législateur a voulu éviter à tout prix. L'adjudication faite à un tiers doit donc être assimilée à l'adjudication faite à un cohéritier, puisque les motifs sont les mêmes. D'ailleurs on peut dire au point de vue du texte : les cohéritiers sont censés, d'après l'art. 883, n'avoir point eu la propriété des effets non échus dans leur lot ; s'ils n'ont pas été propriétaires, ils n'ont pu grever ces biens d'hypothèques ou d'autres droits : le tiers adjudicataire doit donc les recevoir francs et quittes de toutes charges. Enfin à l'objection tirée de ce qu'il est difficile qu'un tiers, qui n'a jamais succédé au défunt tienne de lui certains biens on répond que la fiction peut tout (1).

La réfutation de ces divers arguments nous semble facile. Le texte de l'art 883 n'est-il pas d'abord tellement clair et précis qu'il ne laisse place à aucune discussion ? Il est vrai que les défenseurs de ce système rejettent l'argument péremptoire tiré des termes de cet article à l'aide d'une de ces critiques, qui permettraient au commentateur de ne tenir aucun compte de la loi et de ne suivre que l'inspiration de sa propre imagination : on sait, disent-ils en quelle estime il faut tenir ces arguments judaïques dont le texte fait tous les frais ! Nous nous demandons de notre côté en quelle estime il faut tenir un semblable procédé de réfutation, lorsque l'esprit de la loi, mis en lumière par une tradition constante, est en harmonie complète avec le texte. Nous avons vu que l'art. 80 de la coutume de Paris repoussait toute assimilation entre l'hypothèse où un étranger se portait adjudicataire et celle où l'adjudicataire était un cohéritier ; la jurisprudence la plus unanime consacra cette doctrine et l'unanimité

(1) V. dans ce sens Liègeard, *op. cit.*, p. 86 et suiv. — Mourlon, Répétitions écrites, t. 2, p. 201.

de nos anciens auteurs professait cette opinion. Dès lors comment douter que les rédacteurs du Code n'aient fait, en reproduisant le même texte, que consacrer le système qu'ils trouvaient inscrit partout dans notre ancienne législation?

Quant à l'argument tiré des inconvénients de cette théorie, il pourrait peut-être exercer quelque influence sur l'esprit d'un législateur; mais il est évident qu'il ne saurait avoir aucune portée aux yeux de celui dont la mission se borne à rechercher et à appliquer la pensée du rédacteur de la loi. La conséquence que nous avons vu les partisans de ce système déduire du texte, ne peut être un piége pour personne. Les cohéritiers, disent-ils, sont censés n'avoir pas été propriétaires des effets qui ne tombent pas dans leurs lots, et par conséquent n'avoir pu hypothéquer. Sans doute; mais dans quel cas en est-il ainsi? Dans l'hypothèse où l'effet déclaratif s'applique, c'est-à-dire lorsque c'est un cohéritier qui s'est porté adjudicataire. Il n'y a donc dans ce raisonnement que la pétition de principe la plus manifeste.

Au surplus, les auteurs que nous combattons comprennent combien il est contraire à la loi d'appliquer l'art. 883 même dans l'hypothèse où un tiers se porte adjudicataire. « Nous marchons, dit l'un d'eux (1), dans une voie idéale où notre

(1) M. Liégeard, *op. cit.*, p. 89.

foi a besoin d'une grande souplesse pour se plier aux enseignements du législateur, où rien de ce que nous rencontrons ne doit nous surprendre, guidés que nous sommes par ce grand fanal de l'intérêt de la famille. » Nous l'avouons cependant, quelque éclatantes que soient les lueurs projetées par ce fanal, quelque souple que soit notre foi en cette matière, il nous est impossible de ne pas regarder ce système comme étant en opposition avec le texte et l'esprit de cet art. 883. Nous ne refusons pas de nous engager dans la voie idéale tracée par le législateur ; mais nous ne voulons pas nous y avancer plus loin que lui.

Du principe que nous venons d'établir, nous conclurons avec la cour de Caen (1) que la licitation constituera une véritable vente, non-seulement quand un tiers se porte adjudicataire, mais encore quand un cohéritier s'étant rendu adjudicataire a fait élection de command au profit d'un tiers.

A l'inverse, il faut décider que si un tiers se porte adjudicataire et fait élection de command au profit d'un cohéritier, l'art. 883 devra être appliqué. Dumoulin, dans cette hypothèse, avait cependant décidé que les droits fiscaux étaient dus ; il se fondait sur ce que, à raison de la forme du contrat, il y avait alors au profit du seigneur un droit acquis dont il ne pouvait être dépouillé.

(1) Arrêt 23 février. 1837. — Deville., 38, 2, 151.

Mais Ferrière et tous les jurisconsultes postérieurs avaient repoussé cette opinion (1).

Au point de vue qui nous occupe, l'héritier adjudicataire doit-il être regardé comme un étranger? S'il se porte adjudicataire, l'art. 883 sera-t-il applicable? Un arrêt de 1662, dit *arrêt de la Meilleraie* avait assimilé l'héritier bénéficiaire à un tiers adjudicataire. Un autre arrêt du 26 mai 1696, rendu au profit de la maréchale de Créqui, consacra une doctrine mixte; il vit dans les biens acquis par l'héritier bénéficiaire des acquêts de communauté, mais décida en même temps, sur les conclusions de M. de Lamoignon, que le droit de mutation n'était pas dû. Enfin un dernier arrêt du 26 mars 1782, rendu par la Grand-Chambre du Parlement de Paris assimila complétement l'héritier bénéficiaire à l'héritier pur et simple en ce qui concerne l'adjudication (2). Telle est également la doctrine qui doit triompher sous l'empire du Code. L'art. 883 dit en effet : « Chaque cohéritier... » sans distinguer entre l'héritier bénéficiaire et l'héritier pur et simple. D'ailleurs « quelle que soit la séparation fictive maintenue par le bénéfice d'inventaire entre la succession et le patrimoine propre de

(1) V. Championnière et Rigaud ; *Traité d'enregistr.*, p. 697.

(2) V. Merlin. *Questions de droit*, v° *Propre*, § 2, n. 5.

l'héritier, en réalité l'héritier bénéficiaire n'en est pas moins propriétaire des biens héréditaires (1). » L'adjudication faite à son profit n'a donc qu'un caractère purement déclaratif (2).

Une dernière question se rattache à cet ordre d'idées : Appliquera-t-on l'art. 883 dans l'hypothèse où un tiers achète les droits d'un cohéritier puis se porte adjudicataire lors de la licitation? La cour de cassation, appelée à statuer sur cette controverse au point de vue fiscal avait, par une jurisprudence constante, décidé qu'une telle opération devait être considérée comme une vente, attendu que ce tiers ne vient pas « en vertu d'un droit successif semblable à celui des cohéritiers. » Mais, par un arrêt en date du 27 janvier 1857 (3), elle a décidé qu'au point de vue du droit civil, l'art. 883 doit s'appliquer pleinement. Un arrêt de la cour de Bourges (4) très savamment motivé s'était déjà prononcé dans ce sens. Ces deux dernières décisions sont, selon nous, conformes aux véritables principes. En effet le tiers représente le cohéritier qui lui a vendu ses droits ; car, comme le dit la cour de cassation, « la vente qu'un cohéritier fait de ses droits successifs à un

(1) Jules Tambour. *Du bénéfice d'inventaire*, p. 320.
(2) La jurisprudence s'est prononcée dans ce sens.
(3) Deville., 1857, I. 065.
(4) Arr. du 31 août 1814.

tiers, emporte, lorsque le retrait n'a pas été exercé, subrogation pleine et entière de l'acquéreur dans les droits de son vendeur. » La loi d'ailleurs n'exige nulle part, pour l'application de l'art. 883, que les copropriétaires viennent au partage en vertu d'un même titre. Si on admettait cette dernière proposition, il faudrait aller jusqu'à dire, ainsi que la cour de cassation l'a du reste décidé, en matière d'enregistrement(1), que la licitation ne doit pas produire un effet déclaratif, lors même qu'un héritier se porte adjudicataire, si ses cohéritiers ont cédé leurs droits à des tiers. Nous n'hésitons donc pas à admettre que le tiers cessionnaire des droits successifs d'un cohéritier pourra, comme ce cohéritier lui-même, invoquer l'art. 883. Il est vrai que nous avons vu l'ancien droit exiger, au point de vue des droits de mutation, un titre commun ; mais nous avons fait observer que c'était uniquement sur des considérations fiscales que cette doctrine s'appuyait. Et nous essaierons de démontrer que cette condition a été supprimée par la loi du 22 frimaire an VII, même au point de vue des droits d'enregistrement.

(1) Arr. du 6 mai 1844.

§ 3. — *Du partage avec soulte.*

Nous avons exposé comment, dans notre ancienne législation, l'effet déclaratif du partage avec soulte avait fini par devenir le droit commun. Il nous semble évident que, sous l'empire du Code, il faut admettre sans la moindre hésitation la même doctrine. Cependant cette opinion a trouvé un adversaire dont le nom est considérable dans la science. M. Rodière voit dans le partage avec soulte un acte translatif, une cession-transport jusques à concurrence du montant de la soulte (1). Il s'appuie notamment sur ce que telle est la décision de la loi du 22 frimaire an VII au point de vue fiscal. Nous ferons d'abord observer que la législation du centième denier consacrait déjà sur ce point la doctrine qu'a reproduite la loi de frimaire; ce qui n'empêchait pas Pothier de proclamer nettement l'effet déclaratif du partage avec soulte. Il est donc à présumer que tandis que la loi de frimaire a suivi la théorie du centième degré, l'art. 883 a entendu consacrer le principe établi par Pothier. Ce qui le prouve d'une façon péremptoire, c'est que, tandis que la loi de frimaire

(1) Telle est du moins l'opinion que lui attribue un Compte-rendu de la séance de l'Académie de législation de Toulouse du 30 décembre 1853, inséré dans la *Revue de législation* de 1854, p. 309.

soumet au droit de mutation les parts acquises par la licitation, l'art. 883 déclare expressément que l'effet déclaratif s'applique à la licitation, sans établir aucune distinction. Or rien n'est plus analogue à la licitation que le partage avec soulte.

Du reste, M. Rodière est loin de tirer du principe qu'il pose, toutes les conséquences qu'il renferme. Ainsi il admet que l'usufruit, les servitudes et les autres droits réels consentis pendant l'indivision sur l'immeuble partagé avec soulte, se trouvent complétement anéanties, dans le cas où l'héritier qui les a consentis ne conserve pas l'immeuble. Seulement, d'après lui, les créanciers, qui ont obtenu de cet héritier une hypothèque sur l'immeuble indivis, pourront venir l'exercer sur le montant de la soulte. Or nous verrons, dans notre troisième chapitre, que beaucoup d'auteurs, tout en regardant le partage avec soulte comme un acte déclaratif, accordent cette faculté aux créanciers hypothécaires. Nous aurons à nous demander alors si cette opinion doit être acceptée.

§ 4. — *Des autres actes qui tombent sous l'application de l'art.* 883.

Les trois actes dont nous venons de nous occuper, ne sont pas les seuls auxquels les parties aient recours pour faire cesser l'indivision. Nous allons donc nous demander dans ce paragraphe, si l'art. 883 s'applique aux opérations, qui, tout en ayant pour objet de faire cesser l'indivision, n'ont été cependant qualifiées par les parties, ni de partage, ni de licitation.

La jurisprudence et la doctrine sont d'accord pour proclamer que tout acte à titre onéreux qui aura pour effet de mettre fin à l'indivision à l'égard de tous les cohéritiers, devra être assimilé au partage et ne produira, par conséquent, qu'un effet déclaratif.

Cette règle découle en effet de l'ancien droit, dans lequel nous l'avons vue suivie par tous les auteurs, grâce à l'énergie avec laquelle d'Argentré combattit la résistance opposée d'abord par Dumoulin. Elle découle également de l'assimilation établie par l'art. 883 entre le partage et la licitation; car tous ces actes, quelque dénomination que les parties leur aient donnée, ne sont en réalité que des licitations. Ne résulte-t-elle pas aussi de la disposition de l'art. 888, qui s'exprime ainsi: « L'action en rescision est admise contre tout acte qui a pour objet de faire cesser l'indivision entre cohéritiers, encore qu'il fût qualifié de vente, d'échange et de transaction ou de toute autre manière? » MM. Aubry et Rau le nient, ainsi que certains arrêts. Cette question dépend de la portée que nous assignerons plus loin à cet art. 888. Quoi qu'il en soit, regardons comme certain que l'art. 883 devra être appliqué à tout acte à titre onéreux qui aura fait cesser l'indivision entre tous les cohéritiers.

Si donc nous supposons qu'une succession étant indivise entre deux cohéritiers, l'un d'eux vende sa part à l'autre, cette cession ne produira qu'un effet déclaratif. De même s'il y a plusieurs cohéritiers et que l'un d'eux se rende cessionnaire de la part de chacun des autres ; car dans cette hypothèse encore, l'indivision cesse par rapport à tous.

En serait-il de même dans le cas où la cession aurait été faite aux risques et périls du cessionnaire ? L'Administration de l'Enregistrement a essayé de le soutenir. Par une délibération du 7 avril 1821, elle avait décidé que cet acte devait être soumis non pas au droit de partage mais au droit de vente. Cette délibération se fondait sur l'art. 889, qui refuse d'appliquer à une pareille cession l'action en rescision pour lésion de plus du quart ; le Code refusant de soumettre cet acte à l'une des règles du partage, l'Administration en avait conclu que le législateur ne considérait pas cette opération comme un partage. D'ailleurs, ajoutait-elle, le cohéritier cédant n'est pas astreint à la garantie, ce qui est contraire à l'égalité, sans laquelle il n'y a pas de partage (1). La cour de cassation qui, dans un arrêt du 24 février 1832, semblait se montrer favorable au système que nous venons d'exposer, le repoussa de la façon la plus énergique par un autre arrêt du 5 novembre de la même année (2). Le système mis en avant par l'enregistrement ne saurait se soutenir. L'argument tiré de l'art. 889 est dénué de toute valeur. Rien n'est plus facile à expliquer que la décision donnée par le législateur dans cet article. Comment, en effet, aurait-on pu établir la lésion en présence d'un acte essentiellement aléatoire ? Il fallait donc nécessairement, comme l'a fait le législateur dans l'art. 889, écarter l'action en rescision pour lésion dans une semblable hypothèse. Quant à la garantie, le caractère aléatoire d'un pareil acte explique également pourquoi elle ne saurait trouver place ici Mais la garantie n'est pas plus de l'essence du partage que de la vente : elle est simplement de la nature de ces deux actes.

Lorsque les héritiers font cesser l'indivision au moyen d'un échange de biens héréditaires, il n'y a là véritablement qu'un partage pur et simple. Mais que décider dans l'hypothèse où cette indivi-

(1) Un arrêt de la cour de Grenoble du 4 janvier 1853 consacre ce système.

(2) V. Championnière et Rigaud, *op. cit.*, nos 2708 et 2709.

sion a cessé au moyen d'un acte par lequel l'un des héritiers a acquis la totalité des biens héréditaires en cédant à son cohéritier un immeuble qui lui appartenait en propre? Ici encore nous retrouvons en présence, dans l'ancien droit, Dumoulin et d'Argentré, le premier décidant sans hésiter qu'il y avait là un simple échange, l'autre au contraire appliquant à cet acte les principes du partage, de même que nous l'avons vu en faire l'application à la vente de droits successifs. Quelle opinion doit triompher sous l'empire du Code? Même pour ceux qui admettent que l'art. 883 doit s'appliquer tout aussi bien à l'effet déclaratif qu'à l'action en rescision pour lésion, cet art. 883 ne peut trancher complétement la question; car on objecterait que cet article ne parle que de la première hypothèse que nous avons indiquée, c'est-à-dire d'un échange de biens héréditaires, mais non d'un échange portant à la fois sur des biens héréditaires et sur des biens propres à un héritier. Mais l'art. 883 suffit pour résoudre cette difficulté. Notre hypothèse n'offre en réalité qu'un partage avec soulte, avec cette particularité que la soulte, au lieu de consister en argent, ainsi que cela se présente ordinairement, consiste ici en un immeuble. Mais qu'importe au point de vue de l'immeuble héréditaire quelle est la nature de la soulte? Pourquoi ne pas appliquer à cet immeuble l'art. 883 et ne pas rescinder les droits consentis pendant l'indivision, quels que soient les biens dont se compose la soulte ?

Quant à la transaction, il faut appliquer la distinction établie par le deuxième alinéa de l'art. 888. L'effet déclaratif ne s'appliquera donc pas dans l'hypothèse où la transaction portait sur des difficultés réelles que présentait le partage.

Nous n'avons parlé jusqu'ici que des actes à titre onéreux. Quelle solution faudra-t-il donner dans le cas où un acte à titre gratuit ferait cesser l'indivision par rapport à tous les cohéritiers ? Il semble qu'on devrait ici, comme dans les hypothèses précédentes, ne s'attacher qu'aux effets produits par l'acte, sans se préoccuper de la forme qu'il a revêtu. Cependant il nous paraît impossible d'appliquer dans ce cas l'art. 883. Comment assimiler à un partage une convention « qui attribue tout à l'un et rien à l'autre » (1) ? Et cet acte ne présente pas non plus d'analogie avec la licitation, puisque le donataire n'est obligé à rien vis-à-vis du donateur, tandis que l'adjudicataire est tenu de payer une somme d'argent.

Sur la plupart des actes que nous venons de passer en revue, l'opinion des jurisconsultes est à peu près unanime. Il n'en est pas de même de ceux dont il nous reste à parler.

(1) Championnière et Rigaud, *op. cit.*, n° 2723.

Il est souvent impossible de procéder au partage par une seule opération. La nature des biens, les circonstances dans lesquelles on se trouve, le caractère même des héritiers peuvent obliger à recourir à des actes successifs. Or, il peut arriver qu'on procède à un partage partiel, soit quant aux biens, soit quant aux personnes. Le partage est partiel quant aux biens, lorsqu'on procède au partage de telle partie des biens d'abord, puis de telle autre partie, etc. Il est partiel quant aux personnes, lorsqu'on fait cesser l'indivision à l'égard de certains héritiers seulement, puis à l'égard de certains autres, c'est-à-dire quand l'indivision ne cesse pas simultanément à l'égard de tous les héritiers.

Dans ces deux hypothèses le partage se trouve en quelque sorte démembré ; ce n'est que la réunion des divers actes qui fait cesser l'indivision à l'égard de tous les biens ou de toutes les personnes. Il était naturel d'attribuer à ces différentes opérations le caractère déclaratif reconnu au partage proprement dit. Nous avons vu que, dans le dernier état de l'ancien droit, ce point n'était plus controversé ; *tout acte préparatoire au partage* était considéré comme simplement déclaratif. Nous avons cité un passage de Poquet de Livonnière, qui établit cette doctrine de la façon la plus nette. C'est cette théorie que la plupart des auteurs résumaient en disant que *le premier acte* entre cohéritiers était réputé partage. Les rédacteurs du Code ont-ils entendu déroger à cette règle ou la confirmer ?

Nous avons dit précédemment que, suivant l'opinion commune, les actes par lesquels on divise successivement les effets héréditaires doivent être assimilés, quant à l'effet déclaratif, au partage de la totalité des biens. Mais la controverse est très vive sur le point de savoir si l'acte, qui met fin à l'indivision à l'égard d'un ou de quelques-uns seulement des cohéritiers, doit être régi par l'article 883 ou doit au contraire être réputé produire un effet translatif. La question se présente par exemple dans l'hypothèse où l'un des héritiers aurait vendu ses droits successifs à ses cohéritiers. Cet acte met fin à l'indivision par rapport à l'héritier vendeur, mais la laisse exister à l'égard des autres. Or on soutient que, dans cette hypothèse et dans les cas analogues, les droits consentis par cet héritier subsisteront même après que les biens auront passé entre les mains de ses cohéritiers.

La jurisprudence et la plupart des auteurs qui professent cette théorie s'appuient sur les considérations suivantes : Un acte, disent-ils, qui ne fait pas cesser l'indivision à l'égard de tous les héritiers, n'est pas un partage ; donc il ne peut être question de lui reconnaître un effet déclaratif. — La règle de l'art. 883, ajoutent-ils, est une fiction; or une fiction est de droit étroit; elle ne peut être étendue par le législateur au delà des limites qui lui ont été assignées par le législateur. — Enfin, le texte de l'article 883 est à leurs yeux contraire à une semblable décision : Il résulte en effet, disent MM. Aubry et Rau, de l'intime connexité qui existe entre les deux dispositions de cet article, que, si chaque cohéritier est censé n'avoir jamais été propriétaire des objets héréditaires dont il a perdu la copropriété par suite de l'acte qui l'a fait sortir de l'indivision, ce n'est là qu'une conséquence de cette autre fiction légale qui considère l'héritier, dans le lot duquel ces objets sont tombés, comme en ayant été dès l'origine propriétaire exclusif. Or, si l'acte qui fait cesser l'indivision quant à l'un des cohéritiers, l'a laissée subsister à l'égard des autres, il est impossible d'appliquer à ces derniers la disposition suivant laquelle chaque cohéritier est censé avoir succédé seul aux objets compris dans son lot; et par suite il devient aussi impossible d'appliquer au premier la disposition suivant laquelle chaque cohéritier est censé n'avoir jamais été propriétaire des objets dont il a perdu la copropriété (1). »

Quant au premier argument consistant à dire que cet acte n'est pas un partage, on comprend

(1) *Zachariæ*, § 625, n° 10.

qu'il soit peu de nature à nous convaincre, puisque c'est là la question même. —Le deuxième ne nous semble pas jeter sur la question une plus vive lumière; et cependant c'est presque le seul qu'il soit possible de rencontrer dans les nombreux arrêts de la cour de cassation statuant sur cette controverse. En admettant même que nous nous trouvions en présence d'une fiction de droit étroit, est-ce qu'une semblable considération est de nature à trancher la question? Sans doute nous ne devons pas franchir les limites tracées par le législateur. Mais quelles sont ces limites? C'est là le problème à résoudre. Il est assurément fort commode de se dispenser de toute argumentation en invoquant un brocard de droit; mais il est rare que la vérité se découvre par un procédé aussi simple.

Reste le troisième argument qui, s'il n'est pas convaincant, est du moins fort spécieux. Sans doute il y a connexité entre les deux dispositions de l'art. 883. Aussi notre système respecte-t-il complétement ce principe. En effet, prenons l'hypothèse la plus simple: Un immeuble est indivis entre Primus, Secundus et Tertius; Primus cède ses droits à Secundus et à Tertius. Plus tard, Secundus et Tertius licitent, et Tertius se porte adjudicataire. Que sera-t-il arrivé? Primus sera réputé n'avoir jamais été propriétaire de l'immeuble; Tertius, au contraire, sera considéré comme en ayant toujours été propriétaire à partir du décès à la suite duquel l'indivision avait pris naissance.

Ces objections ainsi écartées, il nous reste à exposer notre système. Or nous disons : L'ancien droit n'exigeait en aucune façon que l'indivision cessât à l'égard de tous. La question, après avoir été longtemps discutée, avait fini par être résolue nettement en faveur de l'affirmative. C'est ce que nous apprend Sudre (1) : « D'autres, dit-il, voulurent distinguer si l'acte avait été passé entre tous les héritiers, ou si l'un des cohéritiers, dans le cas où il y en aurait plus de deux, aurait particulièrement cédé sa portion à un autre. Il fallut bien plus de temps pour se fixer sur cette importante question. » Mais ce principe avait fini par triompher, ainsi que le dit Guyot dans le passage suivant (2) : « Il n'y a point de règle qui oblige les associés à ne sortir de communauté qu'en la rompant avec tous. Tous les associés ne faisant qu'un, l'un peut liciter sa portion soit avec un, soit avec tous ; cela ne fait que diminuer le nombre des copropriétaires ; mais il n'y a point de changement de propriétaire ; c'est toujours un acte qui n'a trait qu'à la dissolution de la communauté et dans le-

(1) Des Lods, § 9, n° 6.

(2) *Des Licitations, chap.* 3, § 1, n° 1.

quel l'esprit des contractants est de partager et non de vendre. » Et il cite à l'appui de cette opinion un grand nombre d'arrêts et d'auteurs. Ainsi point de doute sur ce premier point : on n'exigeait pas, dans le dernier état de notre ancien droit, pour qu'il y eût effet déclaratif, que l'indivision cessât à l'égard de tous. Dès lors, pour soutenir que les rédacteurs de notre Code ont voulu déroger à cet ancien principe, ne faudrait-il pas pouvoir montrer un texte formel consacrant cette innovation? Or ce texte, il est impossible de le découvrir dans nos lois. Ainsi la loi gardât-elle un silence complet sur cette question, nous aurions assurément le droit de la trancher, sous l'empire du Code, dans le même sens que la jurisprudence et les auteurs du XVIIIe siècle.

Non-seulement notre Code ne contient pas de dérogation formelle à notre ancien droit, mais encore il nous semble avoir reproduit expressément l'ancienne théorie. Nous avons cité précédemment le texte de l'art. 888, qui, sous le rapport de la rescision pour lésion, assimile au partage tout acte «ayant pour objet de faire cesser l'indivision. » Ces actes, qui ont pour objet de faire cesser l'indivision, ne sont-ce pas précisément les actes préparatoires dont nous nous occupons? Cela ne résulte-t-il pas à la fois et des termes de l'art. 888 et de ces paroles prononcées par

M. Treilhard, lors de la discussion (1) : « La section de législation s'était déterminée par la raison que *le premier acte*, que les cohéritiers font entre eux, tend toujours à partager. » — Paroles qui sont la reproduction exacte des expressions mêmes de nos anciens auteurs. Ainsi, il est certain qu'en ce qui concerne l'action en rescision pour lésion, le Code a reproduit l'ancienne doctrine du *premier acte*. Nous pensons qu'il faut aller plus loin et ne voir dans la disposition de l'art. 888 que l'application de l'assimilation complète que les rédacteurs du Code ont entendu établir entre les actes préparatoires et le partage proprement dit? MM. Aubry et Rau repoussent cette opinion : « On conçoit, disent-ils, que le législateur ait admis la rescision pour lésion de tout acte tendant à partager quelle que soit la forme de cet acte; car, du moment qu'il s'agit de partager, le législateur doit exiger l'égalité entre les parties. Lorsqu'il s'agit, au contraire, d'effets se produisant à l'égard des tiers, la loi devait se montrer plus difficile à reconnaître aux actes le caractère de partage (2). » Ces réflexions peuvent être fort justes à un point de vue purement théorique. Mais il nous est impossible d'admettre qu'elles aient inspiré les rédacteurs. S'ils ont admis ici la resci-

(1) Séance du 28 nivôse an XI.

(2) *Zachariæ*, § 625, n° 2.

sion pour lésion, c'est parce qu'ils reconnaissaient en principe à ces actes le caractère de partage. Les paroles de M. Treilhard montrent bien que telle était l'idée du législateur; car après avoir dit que le premier acte dont parle l'art. 888 *tend toujours à partager la succession*, il ajoute: *Ainsi*, cet acte doit être résolu dans les mêmes cas que *tout autre partage;* peu importe qu'on l'ait appelé une transaction, *il faut s'arrêter plus à la réalité qu'au titre*. Et M. Chabot, qui avait été chargé de faire au tribunat le rapport sur notre section, s'exprime ainsi dans son traité des successions (1) : « Tout acte qui a pour objet de faire cesser l'indivision entre cohéritiers *est un partage* dans quelque forme qu'il ait été rédigé, et quelque soit le titre qu'on lui a donné... Il suffit que *l'acte ait pour objet* de faire cesser l'indivision *pour qu'il y ait toujours un partage.* » Ainsi, la pensée des rédacteurs est fort claire : tout acte ayant pour objet de faire cesser l'indivision est un partage; et ils en concluent que cet acte sera rescindable pour lésion de plus du quart. L'argument tiré de l'art 888 nous semble donc très concluant. Mais, répétons-le, cet article fût-il écarté, nous n'en adopterions pas avec moins de conviction la théorie que nous venons de soutenir; car, tant qu'il ne nous sera pas démontré que le ré-

(1) Sur l'art. 888.

dacteur a voulu déroger à l'ancien droit, nous n'hésiterons pas à penser qu'il en a consacré les principes.

Pourquoi d'ailleurs le législateur aurait-il refusé d'étendre à notre hypothèse la règle de l'art. 883? La forme sous laquelle l'acte de partage s'est cachée empêche-t-elle donc les recours que le législateur a considérés comme funestes? La disposition de l'art. 883 vient d'ailleurs corroborer notre système. En effet c'est par rapport à chaque héritier envisagé individuellement que le législateur étudie les effets de la cessation de l'indivision : « *Chaque cohéritier*, dit-il, est censé..... »

Malgré la résistance que la jurisprudence et beaucoup d'auteurs opposent à cette théorie, nous admettrons donc que, pour qu'un acte soit déclaratif, il n'est pas nécessaire qu'il fasse cesser l'indivision à l'égard de tous les cohéritiers.

Certains auteurs (1) admettent une théorie mixte, qui se trouve vaguement indiquée par un arrêt. Ils disent qu'un acte pourra être réputé déclaratif, quoiqu'il ne fasse pas cesser l'indivision à l'égard de tous, mais dans le cas seulement où tous les héritiers auront concouru à l'acte. Mais

(1) V. MM. Massé et Vergé, édit. de Zachariæ, p. 361, n° 8; — et M. Demante, *Cours analytique*.

cette opinion nous semble trop arbitraire pour pouvoir être admise.

CHAPITRE III.

DES CONSÉQUENCES DE L'EFFET DÉCLARATIF DU PARTAGE.

Après avoir déterminé les actes auxquels s'applique, suivant nous, la règle de l'effet déclaratif du partage, nous devons nous demander quelles conséquences découlent de l'application de cette règle.

§ 1. *Des droits consentis par les cohéritiers sur les biens indivis.*

L'art. 883 déclarant que les cohéritiers sont réputés n'avoir jamais été propriétaires des biens qui ne leur sont pas échus à la suite du partage ou de la licitation, il en résulte naturellement que les droits consentis par les cohéritiers sur ces biens doivent être regardés comme non avenus et que les héritiers, dans le lot desquels ils sont tombés, les auront libres de toutes les charges créées pendant l'indivision par leurs cohéritiers.

Hypothèques. — C'est à l'occasion des hypothèques que ce résultat se produira le plus fréquemment. Ainsi les héritiers recevront les immeubles à eux échus en vertu du partage ou de la licitation affranchis de toutes les hypothèques qui auraient pu être consenties sur ces biens par leurs cohéritiers ; et cet affranchissement aura lieu de plein droit, sans qu'ils aient besoin de recourir aux formalités de la purge. Mais ce ne sont bien évidemment que les hypothèques consenties par les cohéritiers qui s'évanouissent ainsi, car les hypothèques, que les créanciers tiennent du chef du défunt, subsistent pleinement ; et même, suivant un grand nombre d'auteurs, la purge ne pourrait dans aucun cas les faire disparaître ; mais c'est là une question complétement en dehors de la matière dont nous nous occupons.

Si au contraire l'immeuble échoit au débiteur, qui a consenti l'hypothèque, comme ce débiteur est réputé par l'art. 883 avoir toujours été propriétaire de l'immeuble à partir du décès, il est évident que l'hypothèque frappera cet immeuble comme s'il n'avait jamais été indivis.

L'hypothèque grèvera-t-elle la totalité ou seulement une partie de l'immeuble ? C'est là une question à la solution de laquelle l'art. 883 est tout-à-fait étranger. Cet article se borne en effet à décider que l'héritier a succédé seul à ce bien ; mais un propriétaire peut très bien ne grever d'hypothèque qu'une partie de l'immeuble sur lequel repose sa propriété. Il faut donc consulter les termes de l'acte pour savoir à quoi s'en tenir à cet égard. Si le débiteur a consenti hypothèque sur la totalité de l'immeuble indivis, il est bien certain que ce sera l'immeuble entier qui sera grevé, s'il n'a consenti hypothèque que sur la moitié, la moitié seulement se trouvera affectée de l'hypothèque, etc. Mais nous pensons avec la doctrine et la jurisprudence (1) que dans le doute il faudra décider que c'est la totalité de l'immeuble que les parties ont voulu grever.

Des règles que nous venons de poser il résulte que, si le lot du cohéritier débiteur se compose uniquement de mobilier, aucun droit d'hypothèque ne saurait être invoqué, puisque les meubles ne sont pas susceptibles d'être hypothéqués. A l'inverse, si le cohéritier avait concédé une hypothèque sur chacun des immeubles de la succession nominativement désignés, tout immeuble qui arrivera à ce cohéritier par suite du partage se trouvera nécessairement grevé. Ce sera le même résultat qui se produira au cas d'hypothèques légales ou judiciaires, puisqu'elles frappent tous les immeubles présents et à venir. Au surplus, il est inutile d'insister plus longuement sur ces divers points qui ne sont que l'application des principes généraux.

(1) Sic arrêt de cass. du 6 décembre 1826.

Les conséquences précédentes ont fait surgir la question suivante : Le créancier qui voit ainsi disparaître son gage hypothécaire, par l'effet du partage ou de la licitation, a-t-il le droit d'invoquer l'art. 2131 et de poursuivre immédiatement le remboursement de la créance ou d'obtenir un supplément d'hypothèque ? La cour de Caen, par arrêt du 25 février 1837, s'est prononcée pour la négative. Nous n'hésitons pas à adopter cette opinion. Le texte de l'art. 2131 est manifestement contraire aux prétentions de l'affirmative ; cet article suppose en effet que l'immeuble hypothéqué a péri ou éprouvé des dégradations; or ni l'une ni l'autre de ces hypothèses ne se rencontre dans notre espèce. Une simple réflexion suffit d'ailleurs pour faire repousser ce système : Qu'est-il donc arrivé en vertu de l'art 883? Le débiteur est considéré comme n'ayant jamais eu la propriété de l'immeuble ; le créancier hypothécaire doit être, par conséquent, réputé n'avoir jamais eu d'hypothèque sur l'immeuble ; il n'a donc pas éprouvé de diminution dans son gage hypothécaire, puisque ce gage, il ne l'a jamais eu. Le créancier hypothécaire, dans notre espèce, se trouve identiquement dans la même situation que le créancier, qui se serait fait consentir une hypothèque sur un immeuble que le débiteur n'avait que sous condition résolutoire ; sa position est encore exactement la même que celle du créancier qui a obtenu une hypothèque sur un usufruit. Est-ce que le créancier, lors de l'événement de la condition résolutoire ou lors de l'extinction de l'usufruit, serait fondé à venir exiger le remboursement immédiat de la dette à terme ou un supplément d'hypothèque ? Cette extinction de son hypothèque n'est-elle pas la conséquence forcée de la nature du droit que son débiteur avait sur l'immeuble ? De même ici, en se faisant consentir une hypothèque sur un immeuble indivis, le créancier a dû s'attendre à ce que la propriété pourrait disparaître par l'effet du partage.

La cour de Caen avait à statuer dans l'hypothèse d'une licitation. Il nous semble évident que la même solution doit être adoptée dans le cas de partage proprement dit. On objecte, à la vérité, que chaque héritier peut demander sa part en nature des immeubles, que c'est donc, par la faute du débiteur, que l'hypothèque disparaît. Mais, comme on l'a fait justement observer (1), c'est là un droit purement facultatif, auquel chaque héritier peut renoncer, s'il le juge convenable ; et cette renonciation sera souvent fort utile pour diminuer les difficultés du partage. D'ailleurs le créancier n'avait-il pas un moyen de se prémunir contre cette renonciation ? Ne pouvait-il pas, en

(1) Deville, 88, 2, 154, note 3.

vertu de l'art. 882, s'opposer à ce qu'il fût procédé au partage, hors de sa présence?

Les droits du créancier hypothécaire se trouvent-ils complétement anéantis dans le cas où l'immeuble sur lequel portait l'hypothèque ne tombe pas dans le lot du cohéritier débiteur? Certains auteurs soutiennent qu'il n'en est pas ainsi. D'après eux, l'art. 883 est étranger au règlement des droits respectifs des créanciers d'un même cohéritier. Ils admettent bien que l'hypothèque cesse de frapper l'immeuble attribué à un autre copartageant; mais ils prétendent qu'elle subsiste sur le montant de la soulte ou sur le prix de licitation qui, en conséquence, devra être réparti d'abord entre les créanciers hypothécaires, d'après le rang de leurs hypothèques, et subsidiairement seulement entre les créanciers chirographaires (1). Quant à nous qui regardons l'art. 883 comme contenant une règle absolue, nous repoussons cette opinion, quelque équitable qu'elle puisse paraître; nous disons donc: l'héritier étant censé n'avoir jamais eu aucun droit de propriété sur l'immeuble licité ou partagé avec soulte, l'hypothèque qu'il a consentie doit être réputée n'avoir jamais existé; le créancier hypothécaire ne saurait donc

(1) Voir Zachariæ, § 625; — Duquaire, *Revue critique*, 1853 p. 806; — Proudhon, *Usufruit*, n° 2392; — Aix, 23 janvier 1835 (Sirey, 35. 2, 267).

invoquer ce droit d'hypothèque pour se faire colloquer sur le prix de licitation par préférence aux autres créanciers.

Autres droits réels. — Ce que nous venons de dire de l'hypothèque doit être appliqué à tous les autres droits réels qui ont pu être consentis par les cohéritiers pendant l'indivision. Ainsi les servitudes, les droits d'usufruit, d'usage, etc., créés par un héritier sur un immeuble indivis, seront sans effet, si cet immeuble n'arrive pas, par suite du partage ou de la licitation, à l'héritier qui les a créés. Il ne peut y avoir sur ce point aucune difficulté (1).

Aliénations. — Nous étendrons naturellement à l'aliénation de la propriété intégrale, la décision que nous avons donnée relativement aux concessions de démembrements de la propriété. Nous dirons donc que le sort de l'aliénation sera en suspens et que, suivant que la chose aliénée tombera ou non dans le lot de l'héritier aliénateur, cette aliénation sera confirmée ou résolue.

Cependant cette solution a été vivement contestée. M. Ferry, dans une dissertation très ingénieuse (Thémis., tome VIII, p. 49), a soutenu que l'art. 883 ne s'applique pas aux aliénations, mais seulement à la concession d'hypothèques ou de démembrements de la propriété.

(1) Voir dans ce sens un arrêt de Limoges du 23 juin 1838.

Prenons l'espèce suivante : Primus, Secundus et Tertius sont héritiers ; il y a dans la succession trois immeubles A, B, C. Primus cède à un tiers Quartus l'immeuble A. Nous dirons : ce sera le résultat du partage qui déterminera si l'aliénation consentie par Primus l'a été valablement ; en effet, si cet immeuble tombe dans le lot de Primus, Primus étant réputé avoir toujours été propriétaire de l'immeuble A a eu pleine capacité pour l'aliéner, si au contraire l'immeuble ne tombe pas dans le lot de Primus, comme il est censé n'avoir jamais eu aucun droit sur cet immeuble, l'aliénation se trouve rétroactivement effacée. Suivant M. Ferry, il doit au contraire y avoir deux partages ; par suite de l'aliénation de Primus, cet héritier se trouve n'être plus dans l'indivision avec ses cohéritiers quant à l'immeuble A ; c'est entre eux et Quartus que l'indivision existe désormais ; il faudra donc procéder à un premier partage avec Quartus ; puis un deuxième partage sera nécessaire pour mettre fin à l'indivision qui existe quant aux immeubles B et C entre Primus, Secundus et Tertius. A ces deux partages s'appliquera du reste l'art. 883 dans les limites que lui assigne M. Ferry.

Ces deux systèmes étant ainsi mis en présence, voyons par quels arguments M. Ferry prétend pouvoir repousser l'assimilation que ses adversaires établissent entre les divers droits réels consentis sur des biens indivis et l'aliénation de ces mêmes biens. L'art. 883, dit-il, ne peut être invoqué pour trancher cette question ; car l'art. 883 détermine les effets du partage de biens indivis ; il suppose que les biens auxquels il s'applique sont indivis entre les cohéritiers. Or, l'immeuble A, dans notre espèce, n'est plus indivis entre Primus et les autres héritiers, puisque Primus a précisément abdiqué au profit de Quartus ses droits sur l'immeuble A. Lorsqu'un des cohéritiers consent un droit d'hypothèque ou d'usufruit, on conçoit très bien que l'art. 883 s'applique, car l'héritier dans ce cas n'a pas renoncé à son droit de copropriété, il n'a fait que le grever d'une charge ; mais il est resté copropriétaire. Primus est donc fondé à dire à ses cohéritiers : je veux bien partager les immeubles B et C indivis entre vous et moi ; mais quant à l'immeuble A, comme je l'ai aliéné, il n'est plus indivis entre nous ; c'est avec Quartus, mon acquéreur, que vous devez le partager, car c'est lui qui, depuis l'aliénation que j'ai consentie, est votre copropriétaire. Bien qu'au premier abord, ajoute-t-il, il puisse sembler étrange que l'aliénation totale soit respectée et que l'hypothèque, au contraire, soit soumise à une condition résolutoire, un tel résultat n'est pas le seul que présente notre législation ; au cas de rapport, les aliénations ne subsistent-elles pas intactes, tandis que les concessions de droits réels sont anéanties?

A l'appui de cette argumentation M. Ferry invoque plusieurs décisions du droit romain fondées, suivant lui, non pas sur l'effet translatif que le partage avait dans la législation romaine, mais uniquement sur cette idée que l'aliénation a fait sortir l'aliénateur de l'indivision, c'est-à-dire précisément sur le raisonnement qu'invoque M Ferry. Telles sont les principales idées développées par M. Ferry à l'appui de la thèse qu'il soutient. Quelque spécieuse que soit l'argumentation que nous venons de résumer, il nous semble facile de montrer qu'elle n'est en réalité, qu'une pétition de principe habilement déguisée. Sans doute l'article 883 ne s'applique qu'aux biens indivis ; mais ici l'indivision n'existe-t-elle plus entre les cohéritiers? M. Ferry l'affirme, sans toutefois le prouver; car il se borne à dire : Primus n'est plus copropriétaire de l'immeuble A parce qu'il a cédé à Quartus son droit de copropriété. Mais pour que Primus ait cessé d'être copropriétaire, il faut que Quartus le soit devenu ; et Quartus n'a pu devenir copropiratsire que si l'aliénation est valable. Or, l'article 883 décide que Primus, si l'immeuble A ne tombe pas dans son lot, est réputé n'avoir jamais été propriétaire et n'avoir pu par conséquent alléner valablement l'immeuble. L'argumentation de M. Ferry, dépouillée de son appareil scientifique, se réduit au raisonnement suivant : l'art. 883 ne peut s'appliquer ici parce que l'aliénation a transféré au tiers acquéreur les droits du cohéritier. Or, la question est précisément de savoir si l'aliénation est valable et a pu, en conséquence, produire cet effet. C'est donc résoudre la question par la question. Au surplus, si le raisonnement de M. Ferry était fondé, ne pourrait-on pas l'invoquer tout aussi bien au cas de concession de droits réels? Ne pourrait-on pas dire avec tout autant de logique que Primus, en cédant à un tiers l'usufruit de l'immeuble A, a cessé d'être dans l'indivision avec ses cohéritiers quant à l'usufruit; que dès lors l'art. 883 ne peut être invoqué. Aussi, comme on l'a fait très justement observer, si ce raisonnement était fondé, l'art. 883 ne pourrait jamais être appliqué (1). La propriété n'est en réalité qu'un droit réel plus étendu que les autres; il est vrai qu'au point de vue philologique le droit de propriété se confond avec la chose sur laquelle il porte; mais cette confusion que l'usage a introduite dans la langue doit être soigneusement bannie de la science; on doit bien se garder de voir dans la propriété un droit privilégié et affranchi des règles auxquelles sont soumis ses démembrements. C'est

(1) Mourlon, 2ᵉ examen, p. 201.

cette tendance à établir entre le droit de propriété et les autres droits réels une ligne de démarcation trop tranchée, qui nous semble avoir entraîné M. Ferry à adopter le système que nous venons d'exposer. Ajoutons qu'avant la loi du 23 mars 1855, ce système aurait conduit à un singulier résultat : les concessions d'hypothèques étant assujetties par le législateur à la publicité, les cohéritiers ont pu en être informés et prendre leur précautions ; au contraire, la vente n'étant pas soumise à des conditions de publicité, les cohéritiers n'auraient eu aucun moyen de se préserver des conséquences fâcheuses qu'elle pouvait avoir. Or, c'eût été précisément dans la première hypothèse, dans celle où les cohéritiers pouvaient à la rigueur se prémunir, que le législateur serait venu au secours des cohéritiers, tandis qu'il n'aurait porté aucun remède aux inconvénients presque inévitables de la deuxième hypothèse. La base du système de M. Ferry étant ainsi renversée, il nous semble inutile de nous arrêter aux autres arguments qu'il apporte à l'appui de sa thèse ; car s'il est démontré que l'art. 883 doit être appliqué, peu importe l'analogie avec le rapport, peu importent les décisions du droit romain, qui, du reste, nous paraissent être une conséquence de l'effet translatif admis par cette législation !

Un arrêt de la cour de cassation du 13 février

1838 (Sirey 38-1-230) a consacré le système que nous avons suivi et en a conclu logiquement que la purge opérée par le tiers acquéreur d'une part indivise d'un immeuble doit être considérée comme non avenue, si l'immeuble tombe au lot d'un héritier autre que l'aliénateur. L'aliénation doit être réputée non avenue quel que soit le mode auquel le cohéritier ait eu recours. Un arrêt de la cour de cassation du 28 février 1820 présente une seconde application de ce principe : Une testatrice avait légué à trois de ses parents sa moitié indivise dans un moulin et sa moitié indivise dans une métairie. Le partage de ce moulin et de cette métairie a lieu, avant le décès de la testatrice ; la totalité de la métairie échoit à cette dernière, la totalité du moulin à ses copropriétaires ; la testatrice meurt ensuite. Le legs de la moitié du moulin se trouve anéanti, puisque aucune partie de ce moulin n'était arrivé à la testatrice par l'effet du partage. Mais les légataires ayant demandé que la totalité du moulin leur fût attribuée, la cour de Poitiers et la cour de cassation rejetèrent avec raison leurs prétentions. En effet que s'est-il produit en réalité? La testatrice est réputée, en vertu de l'art. 883, n'avoir jamais eu aucun droit sur le moulin ; il y avait dans ce legs qu'elle a fait de la moitié indivise de ce moulin un legs de la chose d'autrui, un legs nul par conséquent, comme le serait l'hypothèque que cette testatrice aurait pu consentir. Ce legs ne saurait donc engendrer aucun droit au profit des légataires. Reste le legs de la moitié indivise de la métairie ; or, de même que, lorsqu'un cohéritier hypothèque la moitié indivise d'un immeuble de la succession et que cet immeuble tombe en entier dans son lot, cette hypothèque ne frappe cependant que la moitié de l'immeuble ; de même nous devons décider ici (à moins qu'il ne ressorte des dispositions testamentaires que la testatrice a voulu léguer la totalité) que la moitié seulement de ce moulin appartiendra aux légataires.

Comme l'aliénation d'un immeuble indivis, loin d'être nulle de plein droit, pourra au contraire devenir valable, si le bien tombe dans le lot de l'aliénation, les cohéritiers ne peuvent être admis à revendiquer cet immeuble tant que le partage n'a pas été opéré (1).

§ 2. — *De l'action résolutoire et de la folle enchère.*

1. De la règle de l'art. 883 il résulte cette autre conséquence incontestable, suivant nous, que le partage simple ou avec soulte, la li-

(1) Voir dans ce sens arrêt de Bourges du 14 janvier 1831 ; — Toulouse, 2 avril 1835 (Dalloz, *Répert. gén.* v° *Succession*, p. 513).

citation et tous les autres actes que nous avons regardés comme devant être, au point de vue de l'effet déclaratif, assimilés au partage, ne sont pas soumis à l'action résolutoire (1).

Le Code n'ayant établi nulle part d'une façon spéciale l'action résolutoire en matière de partage, on ne pourrait invoquer pour soutenir l'existence de cette action que l'art. 1184, qui l'établit en principe pour tous les contrats synallagmatiques. Toute la question se réduit donc à savoir si le partage est un contrat synallagmatique. Or nous n'hésitons pas à répondre, avec M. Demangeat, que le principe de l'art. 883 prouve manifestement le contraire. En effet, dans la vente, l'action résolutoire est fondée sur cette idée que le vendeur n'a transmis la propriété de la chose qu'à la condition que l'acheteur accomplirait les obligations qui lui sont imposées par le contrat. Dans le partage, au contraire, tel que la loi l'envisage, les copartageants ne se transmettent rien ; c'est du défunt que chacun est réputé tenir les objets à lui échus ; il n'y a donc pas là un contrat synallagmatique. Seulement la loi, pour faire régner entre eux l'égalité qui doit présider à tout partage, leur a conféré un privilège réglé par les art. 2103 et 2109.

(1) Voir un article de M. Demangeat, *Revue pratique*, t. IV, p. 271.

La différence établie par le législateur entre la garantie du partage et celle de la vente confirme d'ailleurs cette théorie. Si la valeur de la chose vendue vient à diminuer entre l'époque de la vente et celle de l'éviction, l'acheteur n'en pourra pas moins obtenir le montant du prix de la vente. Si, au contraire, la même diminution se produit entre le moment du partage et celui de l'éviction, le copartageant ne peut se faire indemniser que de la perte que lui a causée l'éviction. Or, cette différence sur l'effet de l'éviction tient, comme le fait remarquer M. Demangeat, à ce que l'acheteur évincé fait résoudre le contrat et rentre ainsi dans le prix qu'il a déboursé, tandis que le copartageant étant dans l'impossibilité d'invoquer l'art. 1184, ne peut que demander à être indemnisé du dommage que lui a causé cette éviction (1).

Mais si nous ne pensons pas que le copartageant évincé puisse invoquer l'art. 1184, nous n'irons pas jusqu'à décider avec la cour de Rouen (2) qu'on ne pourrait, par une clause expresse, stipuler

(1) Ce système est du reste suivi par la jurisprudence. — Merlin (*Questions de droit*, vº *Résolution*, § VII) n'admet cette solution qu'autant que les étrangers n'ont pas été admis à enchérir ; il se fonde sur ce que, s'ils sont admis, il y a une véritable vente. Nous avons repoussé cette distinction dans notre deuxième chapitre.

(2) Arrêt du 16 juin 1841 (Devill., 1841, 2-471).

que le partage sera résolu dans le cas où les conditions de ce partage resteraient sans exécution. La cour de Rouen se fonde sur ce qu'une pareille stipulation est incompatible avec les effets essentiels du partage, comme étant directement contraire à la fiction de l'art. 883, et sur ce que l'intérêt public veut que la propriété immobilière ne reste pas incertaine. La cour de cassation a repoussé cette doctrine ; par arrêt du 6 janvier 1846 (1), elle a cassé l'arrêt de la cour de Rouen. En effet, une telle clause n'est évidemment pas contraire à l'ordre public. Quant à la contradiction que la cour de Rouen prétendait voir entre une convention de cette nature et le principe de l'art. 883, la cour de cassation a répondu avec raison que stipuler une pareille clause était simplement faire un partage conditionnel, ce qui n'est nullement interdit par les lois. Si la condition ne s'accomplit pas, il n'y a pas eu partage, il ne peut être question de l'art. 883 ; si au contraire elle est accomplie, on appliquera toutes les conséquences de la règle posée par cet article. Bien que la loi n'ait pas établi de plein droit comme pour le cas de vente, l'action résolutoire, il doit donc être permis de stipuler par une clause expresse la résolution du partage dans telle hypothèse déterminée.

(1) Devilleneuve 1846, 1-120.

La solution que nous avons adoptée relativement à l'action résolutoire contient implicitement la décision que nous devons donner au sujet d'une question complétement identique qui s'est présentée en matière de licitation. On s'est demandé si, dans l'hypotèse où un cohéritier se porte adjudicataire, ses cohéritiers pourront recourir à la voie de la folle enchère, faute par ce cohéritier d'exécuter les conditions de l'adjudication. La cour de Paris, par un arrêt du 21 mai 1816, avait jugé l'affirmative; mais un arrêt de cette même cour du 21 avril 1830 et deux arrêts de la cour de Bordeaux (1) ont décidé que la folle enchère ne pouvait être employée en pareil cas. Ces arrêts se fondent avec raison sur l'art. 883, qui ne voit pas dans une pareille licitation une vente, mais un mode de partage, et déclare en conséquence que ce n'est pas des cohéritiers mais du défunt lui-même que l'adjudicataire est réputé tenir la chose. Ces cohéritiers ne peuvent donc employer contre l'adjudicataire la revente sur folle enchère qui est une garantie accordée par la loi aux vendeurs non payés. Comme nous avons admis dans notre deuxième chapitre que la licitation doit être assimilée au partage toutes les fois qu'un cohéritier se porte adjudicataire, sans exiger que cette

(1) 15 mars 1833 (Deville, 34, 2-23); 22 mars 1831 (Deville, 31, 21-60).

adjudication fasse cesser l'indivision à l'égard de tous les cohéritiers, nous repoussons sans distinction la folle enchère de toute adjudication s'opérant au profit d'un cohéritier.

Nous avons également admis que l'héritier bénéficiaire qui se portait adjudicataire, devait être considéré non comme un étranger, mais comme un héritier et que la licitation était dans ce cas un véritable mode de partage. Nous déciderons donc que dans cette hypothèse on ne pourra non plus employer la revente sur folle enchère. . .

Mais nous admettrons que la revente sur folle enchère pourra être employé dans le cas où elle aura été expressément stipulée par une clause du cahier des charges. Une telle condition ne nous semble en effet nullement illicite, et, par conséquent, doit être exécutée par ceux qui s'y sont soumis (1). Toutefois, nous pensons que la folle enchère n'entraînerait pas alors la contrainte par corps ; car on ne peut s'y soumettre en dehors des cas prévus par la loi (2).

(1) *Sic Zachariæ*, § 623.

(2) Voir sur ce dernier point cassat., rejet 27 mai 1835 (Sirey 1835, 1-311).

§ 3. — *Conséquences de l'effet déclaratif du partage au point de vue de la composition de la communauté et du régime dotal.*

I. La règle de l'art. 883 devant, selon nous, s'appliquer dans toute hypothèse, à moins qu'une dérogation expresse ou tacite ne se rencontre dans la loi, nous dirons que, si un copartageant est marié sous le régime de la communauté, ce sera au résultat du partage qu'il faudra s'attacher pour déterminer quels biens tomberont ou non dans cette communauté. Si donc une succession en partie mobilière, en partie immobilière, échoit à une personne soumise à ce régime matrimonial, nous ne pensons pas qu'on doive déterminer la portion, qui devra tomber sans récompense dans la communauté, d'après la valeur des meubles comparée à celle du montant de la succession. Ce sera, selon nous, uniquement d'après le résultat du partage qu'il faudra décider quels objets sont propres ou communs. Ainsi, dans l'hypothèse où l'époux n'obtiendrait par l'effet du partage que des meubles, sa part entière sera commune; à l'inverse, s'il n'a dans son lot que des immeubles, tous ces immeubles seront propres.

On appliquera complètement l'art. 883; l'époux

étant censé n'avoir succédé qu'à des meubles dans la première hypothèse, et qu'à des immeubles dans la deuxième, la communauté doit, en vertu de l'art. 1401, comprendre les premiers et ne pas comprendre les seconds. Nous faisons abstraction complète de la période d'indivision, pour ne nous attacher qu'au résultat du partage. Et comme nous avons regardé le partage avec soulte et la licitation comme devant être mis sur la même ligne que le partage pur et simple, nous dirons également que le montant de la soulte et le prix de la licitation doivent tomber dans la communauté. Les mêmes conséquences devront être appliquées, mais dans le cas seulement où c'est un des cohéritiers qui se porte adjudicataire, à tous les actes qui nous ont paru devoir être assimilés au partage, en ce qui concerne l'effet déclaratif.

MM. Aubry et Rau (1) adoptent un système tout à fait opposé. Suivant eux, l'art. 883 n'est jamais applicable à la composition de la communauté. La règle formulée par cet article leur semble complétement étrangère « au réglement des droits respectifs de l'un des héritiers et des tiers avec lesquels il se trouverait en relation de communauté ou de société. »

Ces auteurs déterminent dans tous les cas ce

(1) *Zachariæ*, § 625.

qui doit entrer dans la communauté, d'après la proportion des meubles et des immeubles composant la succession lors du décès. Si donc une succession comprend des meubles pour un quart et des immeubles pour trois quarts, et que le partage ne fasse tomber que des meubles dans le lot de l'époux, la communauté devra récompense pour les trois quarts. Nous savons, du reste, que telle était déjà l'opinion de Lebrun dans l'ancien droit. Si la rédaction absolue de l'art. 883 ne nous semble pas autoriser une pareille doctrine, si nous la repoussons comme contraire à la loi, nous ne lui reprocherons pas du moins de manquer de logique.

C'est là, au contraire, la critique que nous adresserons au troisième système, qui est cependant adopté par la jurisprudence et par la majorité des auteurs (1). Dans cette opinion, on décide bien, comme nous l'avons fait, que si le partage attribue à l'un des époux une portion de mobilier plus considérable que celle qui devait lui revenir d'après la composition de la succession, ce mobilier tombe sans récompense dans la communauté, et que réciproquement tous les immeubles qui seront compris dans le lot d'un époux lui seront propres, sans qu'il doive aucune récompense à

(1) V. Troplong, *Cont. de mariage*, I, nos 111 et suiv.; Duranton, t. 14, no 118; Nancy, 3 mars 1837 (Devill., 38, 2, 202).

la communauté. Mais les partisans de cette doctrine refusent de donner la même solution pour la soulte ou le prix de licitation. Dans ces hypothèses, comme l'argent qui sert à payer cette soulte ou ce prix de licitation provient non pas de la masse héréditaire, mais du patrimoine personnel d'un autre cohéritier, ces jurisconsultes soutiennent que l'art. 883 est inapplicable; ils considèrent en conséquence, au point de vue de la composition de la communauté, cette soulte ou ce prix comme représentant un droit immobilier et comme devant à ce titre, ne tomber dans la communauté que sauf récompense.

Ce dernier système était, nous le savons, suivi par Pothier dans l'ancien droit. Lebrun l'avait aussi d'abord admis. Mais Bourjon le critiqua vivement, disant avec raison qu'il y avait contradiction dans ce système, « l'une et l'autre question devant se décider par le même principe... Il n'y a pas lieu, ajoutait-il, à l'action de remploi, quoique cette soulte tienne lieu d'une portion dans les immeubles, parce que le partage a un effet rétroactif et que le conjoint est censé n'avoir jamais eu droit qu'en la soulte pour cette portion d'immeubles dont elle lui tient lieu, sauf toujours l'effet de la fraude... » Lebrun, sans se rallier à la doctrine de Bourjon, se rendit à ses critiques et finit par adopter le second système que nous avons exposé. Pothier, au contraire, resta fidèle à son opinion malgré les justes observations de Bourjon.

Les reproches que nous venons de voir formulés par Bourjon nous semblent tout aussi fondés sous l'empire de notre Code que sous la législation qui l'a précédé. Nous ne comprenons pas pourquoi, regardant le partage avec soulte comme tombant sous l'application de l'art. 883 et pensant que cet article doit être observé dans le cas de partage pur et simple, on n'étendrait pas la même solution au cas de soulte ou de licitation. Le système ne pourrait être logique que dans l'opinion de ceux qui refuseraient d'attribuer au partage avec soulte et aux licitations l'effet déclaratif qu'ils appliquent au partage pur et simple.

Nous avons admis que les créances héréditaires ne tombent pas sous l'application de l'art. 883 ; nous devons donc décider que les principes précédents ne doivent pas être étendus à ces créances ; il faudra, pour déterminer la composition de la communauté, s'attacher à l'effet du partage opéré par la loi dans l'art. 1220.

A la question dont nous venons de parler se lie étroitement celle que le législateur a résolue en édictant la disposition de l'art. 1408 : Un époux est copropriétaire d'un immeuble ; cet immeuble est licité, et l'époux se porte adjudicataire ; l'immeuble constituera-t-il un propre ou un conquêt?

En appliquant l'art. 883, le législateur se touvait amené à conclure que cet immeuble doit être considéré comme un propre de l'époux, puisqu'à raison de l'effet déclaratif du partage, il est censé avoir succédé au *de cujus* quant à la totalité de cet immeuble. En vertu de l'art. 1404, cet immeuble devait donc constituer un propre. L'art. 1408, en consacrant cette solution, ne fait par conséquent qu'appliquer l'art. 883. C'est, du reste, ce que nous voyons proclamé par M. Tronchet, lors de la discussion du conseil d'État. En effet, après avoir exposé la doctrine contenue dans le premier paragraphe de l'art. 15 du projet devenu, sauf quelques modifications, le premier paragraphe de l'art. 1408, M. Tronchet s'exprime ainsi (1) : « Cette disposition est fondée sur le principe général admis en matière de succession, que tout ce qui est recueilli à titre d'hérédité est propre (2), et que tout corps héréditaire adjugé à l'un des héritiers est censé avoir passé dans ses mains pour la totalité à ce titre ; et c'est pour cette raison que les parties, qui appartenaient par indivis aux autres héritiers, ne sont pas chargés de l'hypothèque de leurs dettes. »

Nous avons admis que l'art. 883 doit être appliqué à tout acte tendant à faire cesser l'indivision, sous quelque forme qu'il se produise et quand

(1) Locré, t. 13, p. 190.
(2) L'orateur n'entendait évidemment parler que des immeubles.

même il ne ferait pas cesser l'indivision à l'égard de tous les cohéritiers. Nous déciderons donc que l'immeuble dans notre espèce devrait être réputé propre, lors même que l'époux n'en acquerrait qu'une portion. Mais quelle solution devrait être donnée dans cette hypothèse par les auteurs qui exigent, pour l'application de l'art. 883, que l'indivision cesse à l'égard de tous? M. Pont (1) décide que l'art. 1408 ne devra pas recevoir son application dans ce cas et que par conséquent les parts nouvelles seront des conquêts. Ce système a été réfuté avec vigueur par M. Marcadé (2), qui, tout en n'admettant l'application de l'art. 883 qu'au cas d'indivision cessant à l'égard de tous, décide que l'art. 1408 doit être observé même lorsque quelques-unes des parts seulement seraient acquises par l'époux. Nous pensons en effet que, même dans le système qui restreint ainsi l'application de l'art. 883, on ne peut enfermer dans le même cercle la disposition de l'art. 1408, car cet article dit expressément dans son premier paragraphe : « l'acquisiton de *portion* d'un immeuble » et suppose également dans le deuxième l'acquisition de *portion* ou de la totalité d'un immeuble. Le texte est donc trop formel pour qu'on puisse s'y soustraire, quelque système

(1) *Revue critique*, t. I, p. 203.
(2) *Revue critique*, t. I, p. 523.

qu'on adopte sur l'application de l'art. 883.

Il sortirait des bornes de notre sujet d'exposer ci la théorie si délicate et si compliquée de l'art. 1408 ; nous avons simplement voulu montrer que cette disposition appartient à un ordre d'idées analogue à celui qui a fait édicter l'art. 883.

Le passage des travaux préparatoires que nous avons cité, montre au surplus que l'application de l'art 883 à la détermination des biens qui composent la communauté n'était pas aussi étrangère à l'esprit des rédacteurs que certains auteurs le prétendent.

L'art. 883 devra être également observé, sous le régime dotal, pour déterminer ce qui doit composer la dot (1).

Ainsi une femme a des biens indivis ; elle se marie sous le régime dotal en se constituant en dot tous ses biens présents. Tous les biens qui lui arriveront par suite du partage ou de la licitation seront dotaux. Mais il ne faudrait pas étendre cette décision au cas où cette femme se serait constitué en dot sa portion indivise dans cet immeuble. En effet il n'y a de dotal que ce que la femme s'est constitué en dot ; or ici elle ne s'est pas constitué en dot la totalité de l'immeuble. Une femme peut très bien, quoique ayant la totalité d'un immeuble, ne s'en constituer en dot que la moitié.

(1) V. Tessier, *Dot*, t. Ier, p. 278.

§ 4. — *Conséquences de l'effet déclaratif du partage au point de vue de la Prescription.*

Le partage ne produisant qu'un effet déclaratif, on en a légitimement conclu qu'il ne pouvait être regardé comme un juste titre (1) permettant de prescrire pour dix ou vingt ans. Ainsi l'héritier ne pourra que continuer la possession de son auteur et prescrire aux mêmes conditions que lui. Si donc le *de cujus* ne pouvait prescrire que par trente ans, soit pour défaut de titre, soit à raison de sa mauvaise foi, le partage ne sera pas pour l'héritier, à qui est échu l'immeuble possédé par le défunt, la source d'une nouvelle prescription, ce sera seulement par la prescription de trente ans qu'il pourra acquérir la propriété. La loi 17 *de usucapionibus* proclame à la vérité le principe contraire; mais cela était parfaitement exact dans la législation romaine, qui considérait le partage comme un acte translatif de propriété (2). La

(1) Voir Duranton, t. XXI, n° 370; — Troplong, *Prescription*, II, n° 886; — Marcadé, art. 2265.

(2) Aussi croyons-nous qu'il serait logique de la part de ceux qui regardent l'art. 883 comme ne devant être appliqué qu'aux droits réels créés pendant l'indivision de considérer le partage comme constituant un titre d'acquisiton. Et cependant nous voyons MM. Aubry et Rau (Zachariæ, § 625, n. 24) décider qu'il n'en doit pas être ainsi parce que, disent-ils, le partage est plutôt dévestitif qu'investitif.

question s'est présentée pour la première fois, devant la cour de Colmar, qui, par arrêt du 9 février 1848 (1), s'est prononcée dans le sens que nous venons d'indiquer.

Il résulte de l'art. 710, C. N. : qu'en matière de servitudes, la maxime *minor relevat majorem* doit être appliquée, et qu'en conséquence la prescription suspendue en vertu de l'art. 2252 à l'égard du copropriétaire Primus, à raison de sa minorité, le sera par cela même à l'égard de l'autre copropriétaire majeur Secundus. Or, supposons que par l'effet du partage l'immeuble sur lequel porte la copropriété arrive à Secundus, cet héritier pourra-t-il invoquer l'art. 710 et soutenir que la prescription a été suspendue par rapport à lui, puisqu'il avait un cohéritier mineur ? Ou, au contraire, ne devons-nous pas appliquer ici l'article 883 et dire : Secundus est réputé avoir succédé seul à cet immeuble, Primus est au contraire considéré comme n'ayant jamais eu aucun droit sur ce bien ; par conséquent Secundus ne peut nullement se fonder sur ce que Primus a été son copropriétaire ? C'est dans ce dernier sens que se sont prononcés MM. Marcadé (sur l'art. 2252) et Devilleneuve (Recueil de 1846-1-21, note 1). C'est également cette opinion qu'a consacrée la n-

(1) Deville., 50-1-513.

risprudence de la cour de cassation (1). MM. Aubry et Rau repoussent au contraire cette doctrine, à laquelle ils reprochent de retourner contre les héritiers la disposition de l'art. 883, qui n'a été établie que pour les protéger.

C'est cette seconde opinion que nous adopterons. L'art. 710 nous semble en effet formel : « Si parmi les cohéritiers, dit-il, il s'en trouve un contre lequel la prescription n'ait pu courir, comme un mineur, il aura conservé le droit de tous les autres. » Pour détruire l'argument tiré de cet article, on est obligé de dire qu'il ne s'applique qu'au cas « d'une copropriété permanente et définitive et non à celui d'une simple indivision transitoire (2). » Or cet article est au contraire conçu dans les termes les plus généraux. D'ailleurs jamais le Code n'envisage l'indivision comme un état permanent ; il la considère toujours, au contraire, comme une situation essentiellement transitoire. Ce serait, au surplus, rendre la disposition de l'art. 710 pour ainsi dire illusoire et sans objet que de la regarder comme n'ayant eu en vue qu'un cas aussi exceptionnel. Ajoutons enfin que la décision que nous donnons sur cette question doit également être appliquée à l'hypo-

(1) Arrêt du 2 décembre 1845 (Deville., 46-1-21), et du 20 août 1853 (1853-1-707).

(2) Arrêt du 20 août 1853.

thèse de l'art. 709 qui décide que « si l'héritage, en faveur duquel la servitude est établie, appartient à plusieurs par indivis, la jouissance de l'un empêche la prescription à l'égard de tous. » Le rapprochement de ces deux articles et leurs termes absolus montrent nettement quelle est la pensée de la loi ; elle veut que toutes les fois qu'un immeuble se trouve dans l'indivision le fait ou la qualité d'un des cohéritiers conserve la servitude à l'immeuble. Ce serait aller contre la volonté du législateur que de vouloir appliquer ici l'article 883 (1).

Supposons qu'un immeuble soit indivis entre deux cohéritiers, l'un demeurant dans le ressort de la cour dans lequel l'immeuble se trouve situé, le second habitant un autre ressort ; un tiers possède cet immeuble de bonne foi et en vertu d'un juste titre. Le partage est effectué et l'immeuble se trouve attribué au second ; aura-t-il fallu dix ou vingt ans pour prescrire ? Nous croyons que, dans cette hypothèse, l'art. 883 devra être appliqué ; car nous n'avons pas ici de texte spécial comme dans le cas précédent. Dans notre espèce, l'héritier pourra donc invoquer l'art. 883 pour soutenir qu'il a fallu au tiers une possession de vingt ans.

(1) Voir dans ce sens M. Demolombe, *Traité des servitudes* n° 999.

§ V. — *De l'art. 563 du Code de commerce.*

Il s'est élevé, au sujet de l'art. 563 du Code de commerce, une controverse qui se lie à la matière dont nous nous occupons. Cet article déclare que si le mari était commerçant au moment de la célébration du mariage, ou si, n'ayant pas alors d'autre profession déterminée, il est devenu commerçant dans l'année, l'hypothèque légale de la femme ne portera que sur les immeubles qui appartenaient au mari lors de la célébration ou qui lui sont advenus depuis par succession ou par donation entre-vifs ou testamentaire. Or, supposons qu'au moment où l'époux s'est marié il était, par suite de succession, copropriétaire d'un immeuble. Postérieurement au mariage il se porte adjudicataire et acquiert ainsi la totalité de cet immeuble. L'hypothèque légale de la femme s'étendra-t-elle sur la totalité de l'immeuble ou au contraire ne frappera-t-elle que la moitié indivise appartenant au mari au moment où le mariage a été célébré (1)? Si nous appliquons l'art. 883 nous de-

(1) On peut encore supposer simplement qu'un mari commerçant, lors de son mariage, se trouve, postérieurement à ce mariage, cohéritier dans une succession comprenant un immeuble et se rend adjudicataire de cet immeuble. On aura encore ici à se demander si c'est la totalité ou une partie seulement qui est grevée de l'hypothèque légale.

vous dire que la totalité de l'immeuble est grevée puisque le mari est censé avoir succédé au défunt quant à la totalité de l'immeuble. Mais faut-il l'appliquer? La cour de Bourges (1) et celle de Paris (2), se sont prononcées pour la négative ; la cour de Limoges (3) a au contraire déclaré l'article applicable. Il nous est difficile d'adopter ce dernier avis. Quelque puissantes que soient les considérations sur lesquelles on pourrait le fonder, il nous semble qu'il conduit à des conséquences contraires à la théorie du législateur. Quel but s'est-il proposé d'atteindre en édictant la disposition de l'art. 563 du Code de comm. ? Il a voulu que l'hypothèque légale ne pût porter sur aucun immeuble que le mari aurait acquis en déboursant une somme quelconque, parce que cette somme provient peut-être des deniers que lui ont prêtés les créanciers. Or, ici cela ne sera-t-il pas à redouter? Le prix d'adjudication n'a-t-il pas pu être payé avec l'argent que les créanciers avaient fourni au mari? Nous voyons donc dans le principe de l'art. 563 du Code de comm. quelque chose de tout spécial ; la doctrine que le législateur a voulu faire prévaloir dans cette disposition ne nous semble pas permettre d'appliquer ici l'effet déclaratif du partage.

(1) Arrêt du 2 février 1836 (Devilles, 1837-2-465).
(2) Arrêt du 8 avril 1853 (Deville., 1853-2-565).
(3) Arrêt du 11 mai 1853 (Deville., 1853-2-567).

§ VI. *De l'application de l'art. 883 en matière d'expropriation forcée.*

Nous trouvons au titre de l'expropriation forcée une disposition qui se rattache à l'effet déclaratif attribué au partage. C'est celle de l'art. 2205, qui défend aux créanciers personnels d'un cohéritier de mettre en vente la part indivise de ce cohéritier dans les immeubles d'une succession, avant le partage ou la licitation. Voici en effet en quels termes le tribun Lahary exposait au Corps législatif les idées qui avaient inspiré cet article : « Si l'on ne peut recourir que sur les biens dont son débiteur a la propriété ou l'usufruit, il est évident que la part indivise d'un cohéritier dans les immeubles d'une succession ne peut être mise en vente par ses créanciers personnels avant le partage ou la licitation. Comment en effet pourrait-on connaître cette part indivise dans des immeubles possédés en commun par les divers cohéritiers, puisque leurs droits ne sont définitivement réglés, puisque leurs contingentes portions ne sont connues, évaluées et assignées à chacun d'eux que par le résultat de la licitation ou du partage ?

« Or, s'il est impossible, avant l'une ou l'autre de ces opérations préalables, de connaître et d'apprécier la part indivise du cohéritier débiteur, quel serait le moyen d'en provoquer la vente contre lui ?

« Je réponds enfin que jusqu'à ce que tous les biens possédés en commun soient licités ou partagés, il est incertain si tel ou tel immeuble, telle ou telle portion d'immeuble écherra dans le lot du cohéritier débiteur; s'il ne recueillera pas pour sa part successive une somme d'argent au lieu d'un corps héréditaire; si même après le prélèvement des dettes de la succession il restera quelque excédant sur lequel il puisse exercer son droit. Il faut donc en pareille occurrence que le créancier personnel attende l'événement qui doit consolider la propriété ou l'usufruit sur la tête du débiteur, pour pouvoir diriger contre lui sa poursuite en expropriation. »

Nous n'avons pas à étudier dans ses détails la disposition de l'art. 2205; nous voulions nous borner à signaler par quels liens cette règle se rattache à la théorie de l'effet déclaratif du partage.

§ VII. — *De l'effet déclaratif du partage au point de vue de la transcription.*

La loi du 23 mars 1855 est venue apporter une nouvelle consécration au principe de l'effet déclaratif des partages en déclarant ces actes affranchis de la formalité de la transcription. Dans le projet de loi adopté par le conseil d'Etat ce principe avait été violé, car on y assimilait quant à la transcription les partages aux actes translatifs de propriété. L'article 1er de ce projet était en effet ainsi conçu : « Sont inscrits au bureau des hypothèques de la situation des biens : 1° Tout acte entre-vifs translatif ou *déclaratif* de propriété immobilière, ou de droits réels susceptibles d'hypothèque..... 4° tout jugement d'adjudication.....

Dans le sein de la commission nommée par le Corps législatif une discussion s'éleva sur ce point. M. de Belleyme en rend compte de la façon suivante :

« Une autre question a été examinée dans le même ordre d'idées, celle de savoir si les partages devaient être transcrits.

« Cette transcription n'a aucune utilité à l'égard des créanciers de la succession, qui peuvent conserver leurs droits nonobstant tout partage. — L'intérêt ne peut exister qu'à l'égard du créancier de l'un des cohéritiers et dans le cas où le créancier aura pris l'inscription avant que le partage ait été transcrit. — Dans ce cas, le partage pourra-t-il lui être opposé, ou bien sera-t-il nul et non avenu à cet égard ?

« La nullité du partage non transcrit a été soutenue par assimilation de la vente et des actes translatifs, qui ne sont opposables aux tiers qu'après la transcription.

« Elle a été repoussée par cette considération que, dans notre droit, le partage est déclaratif et non pas attributif de propriété ; que si ce caractère est une fiction de la loi, cette fiction n'en est pas moins la base des règles et des effets du partage, et que la changer serait porter le trouble dans les dispositions du Code Napoléon. — Au moins faudrait-il, pour y porter cette atteinte, que l'intérêt fût puissant ; or, les créanciers des héritiers ont dans les mains un droit équivalent à celui qu'ils puiseraient dans la nécessité de la transcription ; ce droit résulte de l'art. 882 du Code Napoléon ; il consiste dans la faculté de former opposition au partage.

« Cette opposition suffit pour que le partage ne puisse plus avoir lieu hors la présence et en fraude du créancier. Que peut-on vouloir de plus en sa faveur, et pourquoi, lorsqu'il aura négligé de former opposition et de veiller à ses droits, lui accorder une nouvelle faculté ? — Elle consisterait à lui donner le pouvoir de considérer comme nul tout partage non transcrit antérieurement à l'inscription par lui prise ; elle ferait double emploi avec le droit d'opposition.

« La majorité de votre commission a donc cru ne pas devoir assujettir les partages à la transcription. Elle a présenté à cet égard un amendement qui a été adopté par le conseil d'État. »

En conséquence, le nouveau projet de loi fut ainsi rédigé : « 1° Tout acte entre-vifs translatif de propriété immobilière ou de droits réels susceptibles d'hypothèques.... 4° Tout jugement d'adjudication *autre que celui rendu sur licitation au profit d'un cohéritier ou d'un copartageant.* »

Le partage et la licitation faite en justice ne sont donc pas assujettis à la formalité de la transcription. Mais que doit-on décider relativement à la licitation amiable ? Il est évident qu'elle doit également être affranchie de la transcription. En effet, le législateur de 1855 a voulu uniquement se référer aux principes; il n'a voulu en rien déroger aux règles antérieurement admises. Or, nous avons vu que, relativement à l'état déclaratif, la licitation amiable devait être complétement assimilée à la licitation judiciaire. D'ailleurs, si la licitation amiable ne rentre pas dans les termes du paragraphe 4, elle ne peut pas non plus tomber sous l'application du 1er. Elle se trouve donc tacitement exemptée par le législateur (1).

De ce que le rédacteur de la loi de 1855 a voulu se conformer aux principes du droit civil, nous conclurons que tous les actes que nous avons regardés dans notre deuxième chapitre, comme tombant sous l'application de l'art. 883, ne sont pas assujettis à la transcription. Nous nous bornerons à

(1) Voir *Commentaire de la loi du 23 mars 1855* par M. Grosse.

renvoyer sur ce point aux règles que nous avons posées dans notre deuxième chapitre (1).

Mais si le partage et les actes qui lui sont assimilés ne sont pas soumis à la transcription en vertu de la loi de 1855, ne doivent-ils pas du moins être transcrits lorsque les cohéritiers veulent purger les immeubles tombés dans leurs lots des hypothèques qui les grèvent ?

Il faut sur ce point établir une distinction. Quant aux hypothèques qui ont pu être consenties pendant l'indivision par les cohéritires, nous avons reconnu que la purge est inutile puisque ces hypothèques s'évanouissent précisément en vertu de l'art. 883. Mais des hypothèques ont pu être consenties valablement par le défunt ; ces hypothèques ne disparaissent pas en vertu de l'art. 883 ; peut-on en dégrever l'immeuble au moyen de la purge ? C'est là, nous l'avons déjà fait observer, une question complétement étrangère à la règle de l'effet déclaratif du partage.

Appendice. — Parmi les législations étrangères, nous tenons à signaler la théorie du Code civil du canton de Vaud et celle du Code civil de la Louisiane sur notre matière. Le premier, dans son art. 767, déclare que « toute vente ou ces-

(1) Voir *Questions sur la transcription*, par MM. Rivière et Huguet.

tion faite par un successible de sa part à une succession non partagée, ne peut avoir lieu qu'en faveur d'un des cohéritiers. »

Le Code civil de la Louisiane (art. 1420) reproduit la théorie romaine de l'effet translatif : « Le partage, dit-il, est comme un échange que font entre eux les cohéritiers, l'un donnant son droit en la chose qu'il laisse, pour le droit qu'a l'autre en la chose qu'il prend. » Mais dans l'art. 1434, il tempère cette doctrine en empruntant à celle de notre Code une de ses principales conséquences : « Les hypothèques, porte cet article, créées par les cohéritiers avant le partage sont résolues et n'affectent que leurs parts, si elles sont susceptibles d'hypothèques. »

CHAPITRE IV.

DE L'EFFET DÉCLARATIF DU PARTAGE AU POINT DE VUE DU DROIT FISCAL.

Après avoir vu la théorie de l'effet déclaratif du partage naître de l'exemption des droits de mutation, nous devons nous demander quelle est la doctrine consacrée, au point de vue fiscal, par le législateur moderne. Ce sera l'objet de ce dernier chapitre.

Nous n'entrerons pas dans l'examen détaillé de toutes les questions qu'a fait surgir l'application de notre législation fiscale sur les partages entre cohéritiers. Nous voulons nous borner à indiquer les grands principes qui dominent cette matière. Sur beaucoup de points d'ailleurs la théorie étant la même en droit civil qu'en droit fiscal, nous n'aurons qu'à nous référer aux décisions données dans nos précédents chapitres.

SECTION I. — DES PARTAGES PURS ET SIMPLES.

Les principes du droit fiscal sont ici identiques à ceux de l'art. 883. L'acte étant réputé simplement déclaratif, aucun droit proportionnel n'est perçu. Cette doctrine déjà admise par l'ancien fisc royal est expressément consacrée par la loi du 22 frimaire an VII, qui, dans son art. 68, § 3, 2° ne soumet qu'au droit fixe « les partages de biens meubles et immeubles entre les copropriétaires à quelque titre que ce soit, pourvu qu'il en soit justifié (1). »

Si le partage est exempté du droit proportionnel, n'est-il pas du moins assujetti au droit de transcription ?

Jusqu'à la loi du 28 avril 1816, c'était seulement au moment où on donnait un acte à trans-

(1) Ce droit était de 3 fr. d'après la loi du 22 frimaire an VIII; il a été porté à 5 fr. par la loi de 1816.

crire que le droit de transcription était perçu. Mais l'art. 54 de cette loi est venu décider que « dans tous les cas où les actes seraient de nature à être transcrits au bureau des hypothèques, le droit sera augmenté de 1 1/2 0/0, et la transcription ne donnera plus lieu à aucun droit proportionnel. » Le receveur de l'enregistrement devra-t-il, en vertu de cette disposition, exiger, lors de l'enregistrement, outre le droit fixe de 5 fr., le droit proportionnel de 1 1/2 0/0? Nous ne le pensons pas. Il nous semble résulter clairement de la discussion à laquelle cette loi donna lieu, que les termes de l'art. 54 ne se réfèrent qu'aux actes dont parle l'art 53, et au nombre desquels nous ne rencontrons pas les partages. La disposition de l'art. 54 se trouvait en effet comprise, lors du *vote* de cette loi, dans celle de l'art. 53, ce qui en déterminait le sens de la façon la plus précise. Il suffit, d'ailleurs, pour montrer quelle était la portée de l'art. 54 dans l'intention du législateur, de reproduire le passage suivant des procès-verbaux de la session de 1815 :

« Un membre demande que l'on ajoute à l'art. 47 (devenu l'art. 52), qui règle le droit à percevoir sur les ventes d'immeubles, une disposition concernant les échanges. — M. le rapporteur dit qu'on a omis ces sortes de transactions dans l'intention de les favoriser, parce qu'elles sont plutôt un objet de convenance que d'intérêt; et les droits sur les échanges restent dans le droit commun. — L'article est mis aux voix et adopté. »

Or, si l'art. 54 avait le sens que lui donne l'administration de l'enregistrement, les échanges auraient été mis par la loi de 1816 dans la classe des actes soumis à la transcription (1).

L'art. 68 de la loi du 22 frimaire porte: « A quelque titre que ce soit. » L'histoire va nous faire connaître le sens de ces expressions. Nous savons que dans l'ancien droit on exigeait généralement, pour l'application des principes fiscaux en matière de partage, que les copropriétaires vinssent au partage en vertu d'un *titre commun*. La loi du 19 novembre 1790 avait semblé abolir cette nécessité, puisqu'elle soumettait au droit de 20 sous par 100 livres « les actes..., qui contiendront *entre copropriétaires* partage, licitation, etc., » sans parler en aucune sorte de la communauté de titre. La loi du 14 thermidor an IV rétablit, au contraire, l'ancienne règle en assujettissant dans son art. 4 au demi-droit des ventes, « les licitations et les retours de partage au même titre. » Ces derniers mots soulevèrent de nombreuses difficultés dans la pratique. Aussi le *Journal de l'enregistrement* disait-il, au mo-

(1) V. Championnière et Rigaud, *op. cit.*, n°. 2183.

ment de la discussion de la loi du 22 frimaire : « Il est possible que la loi à intervenir sur l'enregistrement supprime ces distinctions. » En effet, dans l'article de la loi du 22 frimaire, nous rencontrons, avons-nous dit, ces mots « à quelque titre que ce soit. » Le sens de ces expressions ne saurait être douteux ; les rédacteurs ont voulu supprimer la distinction existant, d'après la loi du 14 thermidor an IV, entre l'hypothèse d'un *titre commun* et celle de *titres divers*. Le cessionnaire d'un héritier, qui partage avec les cohéritiers de son cédant, ne devra donc que le droit fixe de 5 fr. ; et le droit de transcription ne pourra être exigé, d'après l'interprétation que nous avons donnée de l'art. 54 de la loi de 1816 (1).

SECTION II. — DU PARTAGE AVEC SOULTE.

Nous avons constaté dans notre seconde partie qu'un certain nombre de coutumes assimilaient au prix d'une vente la soulte payée par un copartageant *ex propria pecunia* et l'assujettissaient en conséquence aux droits de lods et ventes. Le fisc royal, en présence de la divergence existant sur ce point entre les coutumes ne devait pas hésiter à opter pour la doctrine la plus avantageuse au Trésor : « S'il est échu, dit le *Dictionnaire des*

(1) V. Champ., Rigaud et Pont, *Supplément*, n° 563.

Domaines (1), à l'un des copartageants des immeubles au delà de ce qui doit composer sa part et qu'il soit tenu de faire raison de l'excédant à ceux qui sont moins partagés, c'est ce qu'on appelle soulte ou retour de lots. Le droit du centième denier en est dû parce que la somme payée par l'un des copartageants à l'autre est le prix d'une acquisition qu'il fait jusqu'à concurrence. »

Telle est aussi la doctrine consacrée par la loi du 22 frimaire an VII. L'art. 68, § 3, n° 2, après avoir établi que les partages ne sont soumis qu'au droit fixe, ajoute : « s'il y a retour, le droit sur ce qui en sera l'objet sera perçu aux taux réglés pour les ventes. » L'art. 69, § 5, n° 7, soumit en conséquence au droit proportionnel de 2 fr. 0/0 « les retours de partages de biens meubles ; » et le même article, dans son § 7, n° 5, exigea le droit de 4 fr. 0/0 pour les « retours de partages de biens immeubles. »

Ainsi, quant aux partages avec soulte, la législation fiscale s'écarte de l'art. 883 ; elle donne à ces partages un double caractère ; elle les considère comme étant en partie déclaratifs et en partie translatifs.

Le droit de transcription doit-il être exigé pour ces partages ? L'administration de l'enregistrement le soutient en se fondant sur un double motif :

(1) V° *Partage*.

L'art. 52 de la loi du 28 avril 1816 ayant élevé à 5 1/2 0/0 le taux des ventes d'immeubles à raison du droit de transcription, cet article doit, d'après elle, être appliqué aux retours de partages. En second lieu elle s'appuie sur les termes de l'article 54 que nous avons précédemment cité.

Nous avons déjà réfuté le second argument. Quant au premier, il suffit pour le repousser, de faire remarquer que l'art. 69, § 7 soumet au droit de 4 0/0, par son premier paragraphe les ventes d'immeubles et par son troisième les retours de partages. Or l'art. 52 ne se réfère qu'aux « ventes d'immeubles. » On ne peut donc en conclure légitimement qu'il ait voulu augmenter aussi le droit pour les retours de partages. Nous déciderons en conséquence, avec un arrêt de la cour de cassation, du 27 juillet 1819 que le droit de 4 0/0 est le seul qui puisse être exigé.

Le droit proportionnel n'est dû qu'autant qu'il y a soulte. Or c'est une question délicate que celle de savoir dans quels cas il y a réellement soulte.

Et d'abord posons ce premier principe que le droit de mutation n'est dû pour retours de partages qu'autant que le cohéritier paye la soulte *ex propria pecunia*. Si donc l'inégalité des lots est compensée au moyen d'une somme prise dans la succession, cette somme ne constitue pas une soulte ; il n'y a là qu'un partage pur et simple, soumis au droit fixe de 5 fr. Telle était déjà la doctrine des coutumes qui soumettaient les soultes aux droits de lods et ventes et celle de la législation du centième denier.

Mais que décider si l'héritier paie la soulte avec une somme provenant de la vente d'effets héréditaires? Nous adoptons sur ce point l'avis de MM. Championnière et Rigaud, qui distinguent si les effets ont été mis ou non dans le lot du copartageant à la charge d'être vendus par lui et décident qu'il n'y a pas soulte dans le premier cas, mais qu'il y a lieu au contraire de percevoir le droit de mutation dans la seconde hypothèse.

Quoique la soulte consiste ordinairement dans le paiement d'une somme d'argent, nous verrons également un partage avec soulte dans l'hypothèse où le copartageant abandonnerait des effets mobiliers quelconques ou des immeubles.

Peut-on exiger le droit de soulte dans l'hypothèse où un cohéritier a reçu dans son lot des effets héréditaires à la charge de payer dans les dettes une part excédant celle dont il est tenu en vertu de la loi? Il y avait controverse sur ce point dans l'ancien droit; et les arrêts de la cour de cassation ne sont pas tous dans le même sens. Nous pensons que, puisqu'il y a soulte quand un héritier paye directement à son cohéritier, il doit en être de même au cas où c'est au créancier de ce cohéritier que la somme est payée. Nous dirons donc qu'en principe il y a soulte. Mais nous admettrons la même distinction que tout à l'heure : si l'héritier ne reçoit des effets héréditaires qu'à la charge de les vendre, et de payer avec le prix de la vente les créanciers de la succession, le droit n'est pas dû, selon nous ; car il y a là, suivant les expressions du tribunal de Nantes (1), « un mandat que les cohéritiers lui donnent en lui fournissant en même temps les moyens de le remplir. »

SECTION. III. — DES LICITATIONS.

Les principes du droit fiscal ne sont pas non plus en cette matière les mêmes que ceux du droit civil.

Pour faire comprendre nettement en quoi consiste la divergence, il est nécessaire d'exposer en quelques mots comment elle s'est opérée. Nous avons rapporté, dans notre deuxième partie, le célèbre arrêt de 1538, qui, grâce à la lutte opiniâtre soutenue par Dumoulin, décida que le cohéritier adjudicataire dans une licitation ne devait les droits de lods et ventes au fisc seigneurial que pour les parts de ses cohéritiers, non pour la sienne. Cet arrêt est le point de départ de la doctrine nouvelle qu'ont consacrée le droit fiscal et le droit civil ; seulement, l'un est entré plus avant

(1) Jugement du 12 mars 1847.

que l'autre dans la voie ouverte par Dumoulin. Nous avons vu, en effet, les feudistes proclamer bientôt que les droits fiscaux n'étaient dus par le cohéritier, ni pour sa part, ni pour celle des colicitants et appliquer même aux pays dont les coutumes exigeaient les droits de mutation sur les soultes, cette doctrine qui assimilait ainsi complétement la licitation au partage pur et simple. Le fisc royal refusa, au contraire, de suivre ces errements; l'édit de 1722 exigea le droit de centième denier sur « les licitations. » Ces expressions devaient naturellement ramener la fameuse question tranchée par l'arrêt de 1538; les fermiers généraux renouvelant les prétentions des seigneurs, soutinrent que l'impôt était dû même pour la part de l'héritier adjudicataire; mais, comme le parlement l'avait fait en 1538, le bureau des finances décida que c'était seulement pour les parts acquises par le cohéritier que l'impôt était dû. La loi du 22 frimaire an VII consacra le principe de la législation du centième denier; mais pour éviter les controverses auxquelles avaient donné lieu les expressions générales de l'édit de 1722, l'art. 69 § 5, 6e soumit au droit de 2 0/0 « *les parts et portions acquises par licitation* de biens meubles indivis; et le § 4 assujettit au droit de 4 0/0 » *les parts et portions indivises* de biens immeubles *acquises par licitation*.

Il s'en fallait bien cependant que les termes de l'art. 69 eussent prévenu toute contestation ; car, comme le dit M. Championnière (1) « il n'est pas d'article de la loi fiscale qui ait donné naissance à une controverse plus active, à une jurisprudence plus nombreuse, créé une divergence plus persistante entre la cour suprême et les tribunaux. Il existe sur la même question plus de vingt arrêts de cassation, parmi lesquels un arrêt des chambres réunies ; les tribunaux n'en tiennent compte et jugent encore contrairement à la cour. La régie elle-même est en divergence avec ses propres décisions ; ses instructions prescrivent aujourd'hui le contraire de ce qu'elles ont prescrit pendant près de quarante ans. »

Que faut-il en effet entendre par part acquise? Est-ce ce qui excède la part que l'héritier adjudicataire a dans l'immeuble licité ou ce qui excède celle qu'il a dans la masse héréditaire? Soient une succession d'une valeur de 200,000 fr. et quatre héritiers. Un des héritiers Primus se rend adjudicataire d'un immeuble de 50,000 francs. Dans le premier système le droit de 4 0/0 sera perçu sur 37,500 fr., l'adjudicataire aura donc 1,500 francs à payer au fisc; dans le deuxième, aucun droit proportionnel ne pourra être exigé.

Pour résoudre cette question, il suffit, nous le

(1) *Revue du droit français*, tome VII, p. 25.

croyons, de remonter aux principes qui dominent toute notre matière. La théorie fiscale, en ce qui concerne le partage, est évidemment celle-ci : Il faut que toutes les valeurs qui entrent dans le patrimoine d'une personne soient frappées d'un droit de mutation ; mais il ne faut pas que deux droits soient perçus à l'occasion des mêmes valeurs. — Faisons l'application de ce double principe. Lors de l'ouverture de la succession, chaque héritier est tenu de payer un droit proportionnel pour la part qui lui revient dans cette succession ; si donc il y a quatre héritiers, chacun d'eux aura payé le droit proportionnel pour un quart du montant de la succession. Le partage a lieu. Si par suite de cette opération chaque héritier obtient un quart des biens héréditaires, un nouvel impôt ne sera pas dû ; le partage pur et simple a donc été exempté avec raison du droit de mutation. (1) — Supposons une succession de 200,000 francs et quatre héritiers ; on met, lors du partage, dans le lot d'un des héritiers un immeuble valant 75,000 francs, sauf à cet héritier à rembourser 25,000 francs à ses copartageants ; comme il n'a payé au

(1) « Vous ferez cesser, disait l'orateur du gouvernement en présentant le projet de la loi du 22 frimaire, la perception du droit proportionnel sur les inventaires et les partages, non-seulement parce que ces actes ne sont pas des transmissions, mais encore parce qu'ils sont une suite nécessaire des mutations pour lesquelles ils doivent ou ont payé le droit proportionnel. »

fisc l'impôt que sur 50,000 francs lors de l'ouverture de la succession, il est juste qu'il soit tenu d'acquitter encore les droits sur 25,000 francs. Cette seconde hypothèse est celle du partage avec soulte. Or nous savons que la loi de frimaire a en effet décidé que le droit serait dû pour les retours de partage.

Supposons enfin qu'un immeuble ne pouvant se partager ait été adjugé en justice ou autrement à un des héritiers (Primus) moyennant 50,000 fr. et que, les trois autres cohéritiers se partageant entre eux les autres biens de la succession, Primus se soit trouvé par là dispensé de payer son prix d'adjudication. Est-ce que nous ne devrons pas dire, comme dans la première hypothèse, qu'aucun droit de mutation n'est dû, parce que l'héritier ayant payé déjà le droit de mutation pour un quart de la succession et ne se trouvant avoir recueilli que le quart des biens, ne peut rien devoir au fisc. Et cependant, d'après le premier système, cet héritier devrait payer le droit sur 37,500 francs! Ainsi il aurait payé le droit de mutation d'abord sur 50,000 fr. et ensuite sur 37,500 fr., bien qu'il ne fût entré en réalité dans son patrimoine que 50,000 fr. — Ces principes nous paraissent à la fois logiques et simples, et ce sont les seuls que la loi de frimaire ait voulu consacrer en exigeant le droit pour *les parts acquises*. Autrement, il y aurait contradiction inexplicable entre les principes admis par la loi en matière de partage pur et simple ou avec soulte et avec ceux qu'elle aurait adoptés relativement à la licitation. . . .

Nous dirons donc avec une décision ministérielle du 21 décembre 1829 « que l'art. 69 qui assujettit les parts acquises doit être entendu de ce qui est réellement acquis par un cohéritier au delà de sa part virile dans la masse et non dans un immeuble qui n'est lui-même qu'une fraction de la masse. » — En vain on objecterait, comme le fait la cour de cassation « qu'il est de principe, en matière fiscale, que les perceptions soient basées sur les actes, considérés en eux-mêmes, abstraction faite des événements ultérieurs ou des actes qui leur sont étrangers. » Pour calculer le droit, qui est dû, d'après nous, il ne faut, en effet, aucun élément autre que ceux exigés dans l'hypothèse d'un partage pur et simple. Il suffit dans les deux cas de connaître le montant de la succession et le nombre des héritiers. On n'a nullement à se préoccuper du partage ultérieur auquel il peut être procédé ; le receveur n'a qu'à se demander si le prix de l'immeuble licité dépasse ou non le montant des droits de l'héritier adjudicataire dans la succession. Quant aux biens qui pourraient lui arriver par suite d'un partage ultérieur, si leur valeur jointe à celle de l'immeuble licité excède la portion à laquelle l'héritier a droit dans l'hérédité, il y a lieu d'appliquer les principes du partage avec soulte.

La théorie que nous venons d'indiquer fut soutenue même par l'administration de l'enregistrement jusqu'en 1835. Mais une décision ministérielle du 23 mai 1835 ordonna aux employés de l'enregistrement de ne déduire que la part du cohéritier adjudicataire dans le bien licité. Cette décision se fonde uniquement sur ces deux motifs — que l'art. 883 est inapplicable en matière d'enregistrement et que « les anciennes règles de perception n'ont aucun rapport avec celles qui ont été établies par la loi du 22 frimaire ». Depuis cette époque, l'administration a constamment soutenu ce système, qui, après avoir été rejeté par les tribunaux de première instance, a été consacré par un grand nombre d'arrêts de la cour de cassation dont le premier est du 14 novembre 1837. Toutefois cette cour admet un tempérament à cette doctrine. Elle décide que, si l'acte de partage est présenté au receveur en même temps que l'acte d'adjudication, ce sera au montant des droits de l'héritier dans la succession qu'il faudra s'attacher pour déterminer la part acquise (1).

Nous savons qu'il n'est plus nécessaire, pour

(1) V. arr. du 30 janvier 1839.

qu'il puisse y avoir licitation, que les biens ne soient pas susceptibles d'un partage en nature; il suffit, d'après l'art. 1686 C. Nap., qu'aucun des héritiers ne veuille les prendre. Nous avons également fait observer que l'admission des étrangers ne fait pas attribuer à la licitation le caractère de vente. Mais nous avons décidé que, si un étranger se porte adjudicataire, l'opération est alors une véritable vente. Ce sera donc le droit de 5 1/2 0/0, qui, d'après l'art. 52 de la loi du 28 avril 1816, devra être perçu. Au contraire l'héritier bénéficiaire, qui se rend adjudicataire, ne sera soumis qu'au droit de 4 0/0 pour les parts acquises ; car il doit, d'après les décisions que nous avons précédemment données, être assimilé à l'héritier pur et simple.

Nous rappellerons enfin que si l'étranger adjudicataire fait une déclaration de command au profit d'un héritier, il faudra donner exactement la même décision que si l'héritier s'était porté adjudicataire.

SECTION IV. — DES ACTES ÉQUIPOLLENS A PARTAGE.

Nous avons exposé dans notre seconde partie comment l'ancien droit avait fini par admettre l'existence des actes équipollens à partage. Nous avons vu que sous l'empire du Code Napoléon, les actes qui font cesser l'indivision n'ont qu'un effet déclaratif, quelque dénomination que les parties leur aient donnée. La même doctrine doit être appliquée au point de vue fiscal.

Conformément à l'opinion que nous avons admise en droit civil, nous déciderons que la vente de parts indivises faite aux risques et périls du cessionnaire et ayant pour effet de mettre fin à l'indivision, n'est assujettie qu'aux droits exigibles au cas de licitation. Nous nous référerons également aux motifs sur lesquels nous nous sommes appuyés pour décider que la donation de parts indivises ne peut en aucune façon être considérée comme un acte équipollent à partage.

SECTION V. — DES ACTES PRÉPARATOIRES A PARTAGE.

Nous avons vu que conformément à l'ancien droit il fallait distinguer, à côté des actes équipollens, les actes préparatoires à partage ; et nous avons admis qu'il fallait considérer comme préparatoires les actes tendant à faire cesser l'indivision, lors même qu'ils ne la feraient cesser qu'à l'égard d'un des héritiers. Nous nous bornerons à dire que la même doctrine doit être appliquée au point de vue du droit fiscal.

POSITIONS.

DROIT ROMAIN.

I.—Les principes sur la garantie au cas d'éviction étaient les mêmes pour le partage que pour la vente.

II. — L'*adjudicatio* ne transférait la propriété *ex jure Quiritium* que s'il s'agissait d'un *judicium legitimum*.

III. — Le légataire avait une hypothèque légale contre chaque héritier jusqu'à concurrence du montant de la totalité de son legs.

IV. — La différence qui existe entre la solution de la loi 13, 17, *de actionibus empti* (liv. XIX, tit. 1) et celle de la loi 7, 4, *quibus modis pignus* (liv. XX, tit. 6) tient à ce que dans la première il n'y a pas de droit réel concédé.

V. — Le fils de famille mineur de vingt-cinq ans, qui avait emprunté avec autorisation de son père, pouvait se faire restituer.

VI. — La fille de famille était capable de s'obliger.

VII. — Les lois 31, 1, *de novationibus* (D. l. XLVI, t. 2) et 27, *princ.*, *de pactis* (l. II, t. 14), ne peuvent être conciliées.

DROIT CIVIL FRANÇAIS.

I. — L'art. 883 C. Nap. ne s'applique pas aux créances héréditaires.

II. — La licitation n'a pas un effet déclaratif dans le cas où c'est un étranger qui se porte adjudicataire.

III. — La licitation a un effet déclaratif même dans l'hypothèse où elle ne fait cesser l'indivision que par rapport à l'un des héritiers.

IV. — L'aliénation d'un bien héréditaire consentie par un héritier pendant l'indivision se trouve anéantie si ce bien ne tombe pas dans le lot du cohéritier qui a consenti cette aliénation.

V. — L'héritier évincé n'a pas l'action résolutoire contre ses héritiers.

VI. — Une femme ne peut, en consentant dans son contrat de mariage à la restriction de son hypothèque légale sur certains immeubles de son mari, se réserver le droit de la transférer sur d'autres immeubles dans le cas où les premiers seraient aliénés pendant le mariage.

VII. — La réduction des droits de l'enfant naturel autorisée par l'art. 761 C. Nap. ne peut avoir lieu sans l'acceptation de l'enfant.

VIII. — L'art. 719 C. Nap. doit être appliqué dans le cas où un testateur a disposé en une propriété d'une quotité supérieure à celle dont il pouvait disposer en pleine propriété.

—

DROIT ADMINISTRATIF.

I. — Le droit de transcription ne doit pas être ajouté au droit fixe de 5 fr. exigé au cas de partage pur et simple.

II. — Le droit proportionnel, au cas de licitation, ne doit être perçu que sur ce qui excède la part de l'héritier adjudicataire dans la masse héréditaire.

—

DROIT PÉNAL.

I. — L'art 7 C. d'inst. crim. ne doit pas être appliqué au cas de délit.

II. — Le meurtre commis par un époux sur son conjoint n'entraîne pas la peine capitale, par application de l'art. 304 C. pén., quoiqu'il ait été précédé ou suivi de soustractions opérées au préjudice de ce dernier

Vu par le Président de la thèse,
DE VALROGER.

Vu par le Doyen de la Faculté,
C. A. PELL[illegible]

Permis d'imprimer,
Le Vice-Recteur,
CAYX.

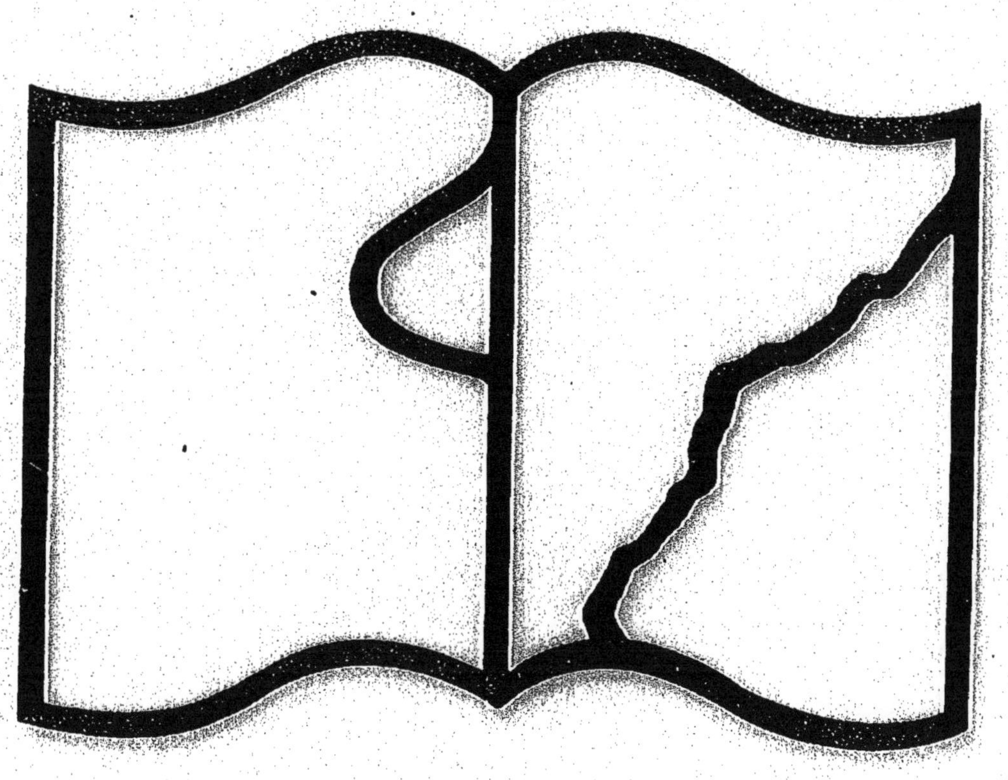

Texte détérioré — reliure défectueuse

NF Z 43-120- 1

Contraste insuffisant

NF Z 43-120-14

www.ingramcontent.com/pod-product-compliance
Ingram Content Group UK Ltd.
Pitfield, Milton Keynes, MK11 3LW, UK
UKHW021056230726
13926UKWH00004B/1874